MÉMOIRES
DU CHEVALIER
DE RAVANNE,
PAGE
DE S. A. R. LE DUC RÉGENT,
ET MOUSQUETAIRE.
TOME PREMIER.

A AMSTERDAM,
Aux Dépens de la Compagnie.
M. DCC. LXXXII.

MÉMOIRES
DU CHEVALIER
DE RAVANNE,
PAGE
DE S. A. R. LE DUC RÉGENT,
ET
MOUSQUETAIRE.

JE ne pourrois jamais comprendre la facilité avec laquelle on écrit tant de Mémoires, si je n'étois convaincu que ce n'est la plupart du temps qu'un jeu d'imagination. L'effet qu'elle produit sur le cœur n'est apparemment pas aussi sensible que la réalité; autrement je doute fort qu'on vît un si grand nombre de pareilles productions.

Tome I.   A

C'est un abus encore, selon moi, que de prétendre qu'en racontant ses peines, on les soulage. Si cela est, ce ne peut être que lorsqu'il reste assez de douceur & d'agrémens pour les faire supporter, ou lorsqu'un meilleur sort en a pris la place. Pour moi, qui malheureusement ne suis dans aucun de ces cas, & dont les plaies mêmes saignent encore, peu s'en faut que la plume ne me tombe de la main.

On m'alléguera peut-être qu'il y a de certaines peines chéries où l'on se plaît, & que c'est ce qui me séduit. Point du tout. Les miennes sont d'une nature à en détester jusqu'au souvenir même. Je n'ai que des reproches à me faire; un autre à ma place les garderoit peut-être en lui-même. Moi, au contraire, je croirois en mériter un nouveau, si je privois le public de l'utilité qu'il en peut tirer. Voilà mon but. Si j'ai d'ailleurs quelque grace à demander, ce n'est pas pour ma conduite, que je condamne d'avance ; mais pour mon style, qu'une trop grande dissipation ne m'a jamais permis de bien former.

L'histoire de ma vie peut, sur-tout, servir d'exemple aux jeunes gens. C'est à eux en particulier à qui j'en fais le sacrifice, afin qu'ils apprennent à raisonner de bonne heure, & à tenir en bride leurs passions. Si elles sont capables de jeter dans les plus grands écarts les personnes les plus expérimentées, que n'en ont pas à craindre des cœurs encore novices & incessamment remués ? enfin, ce ne seroit pas la première fois qu'un bien sortiroit d'une mauvaise cause : c'est ce que j'espère ; ainsi j'entre en matière.

Le lieu de ma naissance ne se trouvant que dans quelque Carte particulière, je me contenterai de dire que je suis de la Province de Champagne, de cette partie qui tient à la Lorraine. Mes parens, nobles comme le Roi, n'en étoient pas plus à leur aise. Ils vivoient, à l'égard des richesses, dans cette heureuse médiocrité, qui fut toujours l'asyle le plus sûr du véritable honneur & de la probité. Aussi tout ce qu'ils eurent jamais de plus fort à se reprocher, fut d'avoir mis au monde un fils, qui s'éloignant de leur noble simplicité, s'est plongé dans un abyme d'égaremens & de misères.

Mon père étoit le meilleur père qui fut

jamais. Ma mère n'avoit pas moins les qualités d'une bonne mère ; mais la mort me la ravit dans mon bas âge, & me laissa avec un frère & deux sœurs. Mon père la voyant sur le point de mourir, lui demanda ce qu'il feroit de nous. Vos filles, lui répondit-elle, se souviendront, j'espère, de mes leçons ; entretenez-les dans la modestie, la frugalité ; & sur-tout ne permettez pas qu'elles s'abandonnent à l'oisiveté. Pour vos fils, ajouta-t-elle, c'est votre affaire ; transmettez-leur seulement ce que vous tenez de nos ancêtres, l'honneur, & une probité qui montre des mœurs réglées. A ce dernier égard, reprit-elle en soupirant presque pour la dernière fois, veillez sur votre ainé ; je crains de son tempérament les passions vives & volages. Hélas ! c'étoit de moi qu'il s'agissoit. Ma mère au dernier moment de sa vie, sembloit prophétiser mes déréglemens & mes infortunes.

Elle mourut. Le deuil fut extrême dans toute la famille. Mon père le porta le reste de sa vie. Le veuvage auquel il se condamna, quoiqu'à la fleur de son âge, n'en fut que la moindre marque. Il la pleuroit presque sans cesse, & sur-tout pendant les premières années. Il arrivoit souvent de nous prendre tous quatre, pour gémir avec nous sur sa perte & la nôtre. Plaise à Dieu, s'écrioit-il quelquefois dans ces occasions, qu'aucun de vous ne me donne jamais plus d'autre sujet de pleurs !

Mes sœurs ayant encore besoin d'une gouvernante, il en vint une assez propre à remplir le plan de leur éducation. Mon père se chargea lui même de la mienne & de celle de mon frère ; c'est-à-dire, pour les principes d'honneur, le maintien & les manières. Du reste, nous avions des maîtres de plusieurs espèces & qui servoient également à mes sœurs & à nous. Nos âges ne différoient pas de beaucoup ; & nos jeunesses se confondoient tellement, que l'on ne reconnoissoit qu'à peine les aînés des cadets.

A peine eûmes-nous appris, mon frère & moi, ce qu'on nous enseignoit de commun avec mes sœurs, qu'on fit venir un Précepteur pour nos humanités. Nous nous mîmes donc au Latin. J'y fis d'abord assez de progrès. Peut-être en aurois-je fait de plus grands, si je n'eusse été distrait par l'arrivée d'une cousine de mon âge, dont la mère venoit aussi de mourir. Ce fut-là le premier écueil de mon repos. La vue de cette tendre fille, pleine de mille graces, & vêtue d'un petit deuil charmant, me toucha jusqu'au vif.

Tout ce que je sus d'abord d'elle-même, fut qu'elle s'étoit promise une grande consolation en rendant visite à ses cousines; mais qu'elle regrettoit déjà de ne la pouvoir pas faire peut-être aussi longue qu'elle le voudroit. Son petit air, sa petite manière de s'exprimer, achevèrent de me pénétrer. Chaque geste en elle paroissoit un petit *in-promptu*; & soit qu'elle parlât ou qu'elle remuât, j'étois ravi de plus en plus. Comme je ne perdois rien de tout ce qui lui échappoit, je lui demandai comme par instinct, s'il étoit donc vrai qu'elle resteroit si peu avec nous? Elle me répondit, sans hésiter, que cela n'étoit que trop vrai; que son père la conduisoit au Couvent, & que pour comble de disgrace, elle ne le reverroit qu'au retour de la campagne qui alloit commencer en Flandres.

Cette nouvelle, que j'entendis mieux

que la première fois, me rendit tout-à-coup morne & rêveur. Si l'on m'en avoit demandé la cause, je n'aurois guères su que répondre, excepté que j'aurois voulu qu'elle restât, & qu'elle ne parlât jamais de s'en aller. C'est tout ce que ma jeunesse me permettoit de penser ; mais bientôt je donnai à connoître ce qu'il y avoit à craindre de mon tempérament.

Ma petite cousine avoit accusé juste, en disant qu'elle ne nous tiendroit pas long-temps compagnie. Son père, frère de ma défunte mère, & Capitaine de Cavalerie, ne l'avoit amenée qu'en passant. Obligé d'aller en campagne, & plus embarrassé de sa fille, que mon père ne l'étoit encore des siennes, il la conduisoit dans un Couvent à cinq lieues de là. Ni mes instances, qui sembloient ne tirer à aucune conséquence, ni celles de mes sœurs, & de mon père même, ne purent le faire changer de résolution. Mon oncle avoit déjà écrit à l'Abbesse. Sa parole étoit donnée ; & tout ce que nous pûmes obtenir, fut qu'il reprendroit sa fille au retour de la campagne, & qu'ils viendroient ensemble passer l'hiver avec nous.

A iv

Il fallut me réſoudre à voir partir le cher petit objet de mon ame. Je l'embraſſai mille fois. Ce n'étoit de ſon côté & du mien que geſtes, que jargon de tendreſſe. On nous admiroit. Mais que l'on ſe trompoit groſſièrement, de croire que ce petit manége ne fût qu'un effet de la nouveauté ou de la ſympathie du ſang ! Je n'eus pas perdu de vue mon oncle & ſa fille, que je tombai dans l'abattement & la mélancolie.. Je ne pouvois plus reprendre mes exercices, qu'on m'avoit permis de négliger pendant leur ſéjour. L'image de ma petite couſine me ſuivoit partout. J'allois dans tous les lieux où j'avois badiné avec elle, & ne l'y trouvant plus, je pleurois.

Ce déſordre, où mon père lui-même me ſurprenoit à chaque inſtant, ne put manquer de lui rappeller les dernières paroles de ma mère. Mais comme il ſavoit que ce que je voulois, je le voulois d'abord fortement, & qu'après je m'en déſiſtois de moi-même, il crut que ce qu'il avoit déjà vu arriver plus d'une fois, arriveroit encore. Tel en effet a toujours été mon caractère, facile à émouvoir,

& trop violent pour que cela durât long-temps. Qu'on ne s'étonne point après cela, si à l'école des Pages & des Mousquetaires, école aussi brillante que dangereuse, on me voit tantôt dans les bras de l'Amour, tantôt au jeu, & quelquefois au Cabaret, toujours sans partage, & abandonnant l'un pour courir après l'autre. Aujourd'hui même, revenu de ces désordres, je conserve néanmoins le même fond de caractère. J'en suis encore tous les jours la dupe à l'égard de quelques liaisons d'amitié, où je donne d'abord tête baissée. Il est vrai que dès que j'y apperçois quelque abus, je me sers de la facilité que j'ai à me détacher, pour rompre & n'y plus penser.

Mon père s'attendoit donc que je me consolerois de l'absence de ma cousine; mais le moment en étoit plus éloignée qu'il ne s'imaginoit. Jamais je n'avois rien senti qui approchât du plaisir que m'avoit donné sa vue, ni du chagrin que me causoit son départ. On avoit beau vouloir me divertir par de nouveaux objets, aucun ne pouvoit balancer celui dont j'étois frappé. Cependant mon Précepteur qui voyoit que je me négligeois de plus en plus, consulta mon père sur la manière dont il devoit en user. Mon père me remit à sa discrétion ; mais en lui recommandant néanmoins d'user, autant que cela se pourroit, moins de sévérité que de douceur.

Suivant ses ordres, mon Précepteur s'avisa d'un stratagême qui lui réussit. Ce fut de me promettre que j'irois voir ma cousine. Alors je fis des efforts incroyables. Il m'amusa le plus long-temps qu'il put de cette promesse ; mais voyant qu'elle ne s'exécutoit point, je me dépitai & fis moins que jamais.

Apres le succès qu'avoit eu la ruse de mon Précepteur, mon père, qui d'ailleurs ne pouvoit se porter à la rigueur que demandoit le cas, mollit par tendresse, & satisfit mon entêtement. Ah ! que c'est aimer mal un enfant, que de se rendre ainsi à ses volontés ! Les péres & mères ne savent guères quelquefois ce qu'ils s'attirent par-là. Je les plaindrois, si je ne croyois plus encore qu'ils méritent d'être blâmés.

Un beau matin, lorsque je m'y attendois le moins, mon père me demanda si je voulois l'accompagner ? J'ai fait feller ton bidet, ajouta-t'il en fouriant ; nous irons voir ta coufine, mais à condition que ton Précepteur ne fe plaindra plus de toi. N'eft-ce pas encore une tricherie ; mon cher père, lui répondis-je la larme à l'œil. Non, je t'affure, repliqua-t'il avec complaifance, pourvu que tu me promettes ce que je veux de toi. Je le ferai, m'écriai-je en me précipitant dans fes bras. Il m'embraffa, & nous partimes.

Je fus d'une impatience fans égale pendant tout le chemin. Je ne fouffrois qu'avec peine que nous nous arrêtaffions pour dîner chez un gentilhomme de nos parens. Enfin, nous arrivâmes ; & mon père, avant même que de fe débotter, me mena au Couvent où étoit ma coufine. Depeindre ce qui paffa chez moi en la voyant, il me feroit impoffible. Je demeurai pendant quelque temps tout ftupéfait & comme immobile. Je revins peu-à-peu de cet agréable faififfement ; & mes fens reprenant leur cours, je lui donnai le mieux que je pus un baifer au travers de la grille.

Elle n'étoit guères moins émue que moi. Les Religieufes qui l'accompagnoient, admiroient la senfibilité qui paroiffoit des deux côtés dans cette entrevue. Nous ne nous quittâmes qu'à la nuit, & jufqu'au lendemain. La joie que j'avois reffentie, & celle que j'efpérois encore, ne me permirent prefque pas de dormir toute cette nuit. Je me levai de grand matin, j'éveillai mon père, & ne ceffai de le tourmenter jufqu'à ce que nous retournaffions où nous avions été la veille. Nous nous y rendîmes, & pour comble de fatisfaction, j'entrai à la faveur de ma jeuneffe, dans l'intérieur du Couvent, tandis que mon père alla vifiter quelques amis.

Me voyant dans le Couvent, & prefque auffi-tôt dans les bras de ma chère coufine, on peut juger de mes tranfports. Je ne pouvois fuffire à l'excès de ma joie; & quoiqu'elle fût troublée par la préfence importune de quelques Religieufes, je l'aurois bien fouhaitée de plus longue durée. Je dînai, & paffai tout le jour dans le Couvent; mais le foir, & mon père arrivant, il fallut prendre tout-à-fait congé. Ce ne fut pas fans peine, ni fans promettre que nous nous reverrions bientôt. Lorfque nous fûmes fortis, mon père fortifia cette espérance. Je pris courage, & nous fûmes nous reposer pour partir le lendemain.

De retour au logis, il fallut songer à contenter mon Précepteur. Je ne tins pas si religieusement parole, qu'on eût besoin d'user encore de quelques artifices. Le plus efficace de tous, fut de me menacer que ma cousine, que j'attendois, ne viendroit pas, si on ne voyoit en moi plus d'application. Par-là on me tint en haleine; je parus avoir quelque ardeur pour l'étude, & les progrès en auroient été plus considérables, si mille distractions, dont je n'étois pas le maître, n'en eussent rallenti le cours.

Un accident qui survint dans la famille l'arrêta même tout-à-fait & me priva du plaisir de voir ma cousine. La petite vérole nous prit tous quatre presque à la fois. Quoique cette maladie soit bien moins dangereuse dans notre Province qu'à Paris, nous en fûmes tous fort mal traités. Je crois, sauf l'avis de la Faculté, que moins on fait dans la petite vérole, moins on la rend dangereuse. J'en juge par trente enfans de paysans qui furent atteints en même-temps que nous de cette maladie, & qui malgré la saison déjà assez froide, & le peu de précaution qu'on prenoit de les retenir même à la maison, furent plutôt & mieux guéris que nous, dont on prenoit un soin particulier. Pas un d'eux ne parut seulement dans le moindre danger, tandis que mon père faillit à nous perdre tous à la fois.

Cependant mon oncle, père de ma cousine, ayant fini la campagne, arriva sur ces entrefaites. Voyant notre désordre, & prévenu du risque qu'il y auroit pour sa fille en suivant son projet, il aima mieux la laisser où elle étoit. C'étoit l'unique enfant qu'il eut d'un tendre mariage, contracté à la sourdine dans une garnison. Outre qu'il l'aimoit tendrement, il eut perdu avec elle plus de revenu qu'il n'en tiroit de sa Compagnie, & il est rare qu'un Officier en ait trop.

Il y avoit déjà près de trois semaines que mon oncle étoit au logis, sans que j'en susse rien. On me l'avoit caché, non-seulement parce que j'étois fort mal, & qu'étant même aveugle, je n'aurois pu le voir : mais parce que la connoissance de son arrivée auroit pu augmenter l'impatience où j'étois de voir ma cousine, & rendre mon état plus dangereux. Je n'étois pas moins chéri de mon père qu'elle l'étoit du sien. La crainte qui les possédoit tous deux m'auroit peut-être tenu bien plus de temps encore dans l'erreur, si commençant à me lever & mes yeux à s'ouvrir, je ne l'eusse apperçu d'une fenêtre de ma chambre qui donnoit sur le jardin.

Je fis un saut en le voyant, qui marquoit bien le danger qu'il y auroit eu en effet, si j'avois eu plutôt connoissance de son arrivée. N'est-ce pas mon oncle, m'écriai-je, en m'élançant en l'air & frappant des mains? Non, non, Monsieur, me répondit un valet qui étoit du secret, vous vous trompez. Pour cela non, repris-je en regardant de nouveau, je ne me trompe point; c'est lui-même, & je veux voir ma cousine. Ce valet voyant que la mêche étoit éventée, se mit à rire, & descendit pour en donner avis.

Tout étant bien concerté, je vis presque sur le champ paroître mon oncle & mon père. Dépêche-toi de te rétablir, me dit mon père en entrant; voici ton oncle,

& pour ta cousine, elle viendra quand tu seras en état de la recevoir. N'est-elle donc point encore ici, demandai-je avec empressement ? Vraiment non, reprit mon père ; voudrois-tu qu'elle y fût au risque de prendre ta maladie, & de mourir peut-être à tes yeux ? Mourir, repliquai-je, non ! mais je voudrois pourtant bien la voir. Tu la verras, dit alors mon oncle en s'approchant ; puis me prenant par la main & me conduisant devant un miroir, il ajouta tout en riant ; vois, si laid comme tu es, tu oserois jamais l'embrasser, quand même elle seroit ici. En effet, je me trouvai horrible, & je pris alors pour argent comptant tout ce que l'on voulut me faire accroire.

Cependant j'étois un peu trop rusé & trop impatient, pour être long-temps dupe sur ce qui me tenoit au cœur. Je pris à la vérité patience, jusqu'à ce que mon visage, qui demeura toujours extrêmement changé, parut être un peu plus présentable. Comme on m'alléguoit sans cesse que ma laideur ne s'effaceroit pas si-tôt, je dis à mon tour, & du ton d'un homme qui se seroit apperçu qu'on le jouoit, que si l'on attendoit que je fusse comme ma sœur cadette, je courois grand risque d'attendre toute ma vie. Cette sœur, d'ailleurs assez jolie, avoit été la moins maltraitée de notre accident commun.

Mon père & mon oncle entendant cette espèce de saillie, ne purent s'empêcher de faire des éclats de rire. Le printemps néanmoins approchoit. Mon oncle parloit même déjà de retourner en campagne. Il me dit alors : Ecoute, je dois partir bientôt ; tâche de devenir joli garçon, que ta cousine n'ait plus peur de toi, & je te l'amenerai en automne, pour ne plus jamais te quitter. En automne, mon cher oncle ! lui répondis-je ; n'est-ce pas ce que vous promettiez déjà il y a un an ? Sans doute, repris-je après lui : oh ! je vous jure que je n'attendrai de ma vie jusqu'à ce temps : je vois bien, m'écriai-je tout en larmes, qu'on se moque de moi. Dieu ! est-il permis qu'on puisse être si cruel ! On voulut m'appaiser ; il n'y eut pas moyen. J'entrai, au contraire, dans une espèce de petite furie. Je frappois des pieds, & criois de toute ma force. Enfin, j'en dis & fis tant, que mon père, à qui je perdis le respect, me fit prendre & enfermer à clef dans une chambre. Certainement j'aurois dû essuyer un châtiment beaucoup plus rigoureux. Mon oncle même le vouloit ; mais mon père s'y opposa : mon caractère dans le cas vouloit, ou toute douceur, ou toute rigueur. C'est souvent ainsi que faute de bonnes mesures, on échoue dans l'éducation des jeunes gens. On ne devroit jamais manquer de consulter leur caractére, & d'agir avec eux aussi méthodiquement qu'avec des personnes d'âge.

Ne m'ayant jamais vu traiter avec la rigueur qui venoit de se passer, & que je subissois dans ma prison, je ne laissai pas que d'être bien étonné. Revenu à moi, j'essuyai mes larmes, & commençai à former mille petits projets. On m'a trompé, disois-je, on s'est moqué de moi ; mais puisque la ruse est d'un si bon usage, qui empêche que je m'en serve, & que je ne me satisfasse ? Ma cousine au bout du compte n'est pas si loin. Je sais le chemin de son Couvent ; ne pourrois-je donc pas y aller ? Sans doute, ajoutois-je, & je pourrois-même, comme j'ai lu dans certains Livres, l'enlever, & vivre éternellement avec elle. Ceci me paroissant aussi facile que je le pensois, je m'écriai : Oui, ma chère cousine, je vous verrai malgré tous, & vous posséderai plutôt qu'on ne se l'imagine.

Ces paroles, que je prononçai apparemment assez haut, furent entendues d'un domestique, qui rodoit autour de ma prison & qui ne manqua pas de les rapporter aussi-tôt à mon père & à mon oncle. De pareils indices ne marquant pas une simple amitié, mais une vive passion, ils jugèrent qu'il falloit s'y opposer, ne fût-ce que pour le temps de mes exercices, & m'obliger au moins à me former. J'avois alors environ douze ans. Mes humanités étoient fort avancées. Mon père, qui étoit déjà dans le dessein de nous envoyer, mon frère & moi, à Nancy pour y achever nos études, le communiqua à mon oncle, qui l'approuva. Tous deux espéroient que me mettant dans une espèce de nouveau monde, ils me feroient oublier l'objet qui avoit allumé cette espèce de passion. Ils se trompoient. C'étoit la première que j'eusse jamais sentie, & il n'y avoit que le désespoir qui pût m'y faire renoncer.

La résolution prise, on ne pensa qu'à l'exécuter. Elle le fut, même avant le départ de mon oncle. Comme il devoit aller cette année en Alsace, il fut arrêté qu'il prendroit son chemin par Nancy, & il m'y conduisit avec mon père. Notre Précepteur, dont on étoit content, & qu'on jugeoit nous être encore nécessaire, surtout à moi, fut du complot & de la partie. Ce fut lui qui m'en vint annoncer la nouvelle. J'en fus désolé; mais après y avoir réfléchi, je m'imaginai que le succès de mon projet n'en seroit pas plus difficile, & qu'il le seroit peut-être moins.

Mon Précepteur revenant à la charge, fut fort surpris de me trouver tout-à-fait disposé. Il en fit son rapport, & presque sur le champ on me fit sortir de ma prison. Je reparus, après dix jours de captivité, devant mon père & mon oncle, qui jusques-là n'avoient pas voulu me voir. Ma soumission les charma: ils la regardoient comme un effet du châtiment qu'ils m'avoient fait subir; mais c'est tout au plus, si l'ennui dont j'étois sorti y avoit quelque part. Je ne savois pas que mon premier projet avoit été trahi; mais le second me paroissoit si sûr, que j'aurois volontiers fait mes remerciemens pour la facilité que je trouvois à l'exécuter.

Au lieu de tirer mon départ en longueur, comme on auroit du s'y attendre, je le pressai. Mon oncle, étant obligé d'ailleurs de se rendre à l'armée, on ne mit de délai qu'autant qu'il en falloit pour mettre ordre au bagage. Cela fait, nous partîmes. Toute mon attention sur la route, fut de faire des remarques pour l'exécution du dessein que j'avois en tête. Mille questions que je fis, sur-tout à l'égard du nom des lieux où nous passions, m'auroient trahi, s'il eut été permis d'avoir le moindre soupçon de mon projet. Enfin nous arrivâmes le deuxième jour; & dès le lendemain, mon frère & moi, avec notre Précepteur, fûmes nichés dans une pension. Mon oncle prit aussi-tôt le chemin de l'armée, & mon père celui du logis, où les affaires domestiques l'appelloient.

Malgré mon impatience, je fus trois semaines ou un mois avant que de faire mon coup. J'allois régulièrement en classe chez les Pères Jésuites; je répétois docilement sous mon Précepteur. Tout alloit si bien, qu'il en donna avis à mon père. Je l'appris, & je crus que c'étoit le temps d'agir pour mon expédition. Je ne sais si c'est l'amour qui me donnoit de l'industrie ; mais sans un tour comique que me joua mon Précepteur, j'aurois vraisemblablement réussi.

Les adieux que j'avois fait avec mon frère à divers parens, avoient rempli notre petite bourse commune, dont la direction m'appartenoit. Mon oncle même nous avoit presque enrichis, en nous quittant, comme s'il eut été de mon projet. Je pouvois donc compter avoir de quoi m'évader & mettre en liberté ma cousine. L'inquiétude mortelle que cela pouvoit causer à la famille, n'étoit pas ce qui m'embarrassoit le plus : je craignois seulement que ma petite cousine ne fût pas aussi résolue que moi. Après tout, disois-je, je la verrai au moins. Mais le Ciel, qui voulut bien suppléer à la foiblesse de ma raison dans un âge si tendre, s'opposa à mes petits desseins, & je n'eus pas même la vue de cette chère cousine.

La veille du jour que je devois planter là mon Précepteur, j'affectai d'être ga-

& de le contenter de mon mieux. Le lendemain au matin, il nous mena en classe, selon sa coutume. A peine nous eut-il laissés, que je fis accroire à mon frère que je me trouvois mal. Je demandai au Régent permission de retourner au logis; il me l'accorda. Me voyant libre, je gagnai la porte de la ville & les champs. Arrivé au premier village, je tirai une liste que j'avois dans ma poche, & demandai le chemin du second. On me le montra. Cependant je ne laissai pas que de me perdre; & la lassitude m'obligeant même de m'arrêter avant la fin du jour, je gîtai dans un hameau à quatre lieues de Nancy.

La crainte de m'égarer de nouveau, jointe à ma lassitude extrême, me firent arrêter un cheval & un guide. Avec ce secours, je fis le lendemain dix lieues; & comme je me trouvois bien de ma monture, & que je jugeois en avoir besoin pour le succès de mon entreprise, je l'achetai de mon guide, à qui elle appartenoit. Je lui payai si grassement sa bête & ses peines, qu'il s'offrit de me conduire jusqu'à Sténay, où je lui avois dit que j'allois. Ce paysan n'étoit pas si simple, qu'il ne s'apperçût bien qu'il y avoit quelque chose d'extraordinaire dans mon fait. Il m'avoit déjà questionné ; mais je m'étois tenu sur mes gardes. La réserve dont j'en avois usé, & celle où j'étois encore à l'égard de ses offres, le déterminèrent à me dire : Monsieur, vous me paroissez un Gentilhomme du pays ; & tout jeune que vous êtes, je soupçonne que vous avez quelque affaire. Ouvrez-vous à moi, ne craignez point ; s'il y a lieu de vous rendre service, je le ferai.

La générosité de ce paysan, plus naïve encore dans son air & dans son patois, me porta à accepter ses offres. Venez-vous-en donc avec moi, lui répondis-je ; & si vous me rendez quelque service, vous pouvez compter d'en être bien récompensé. Je ne lui en dis pas davantage. Je pensois bien en effet qu'il pouvoit m'être utile, aussi-bien que son cheval ; mais j'aurois mieux aimé encore m'en passer. Nous partîmes. Arrivé à Stenay, je descendis à la première auberge. Ce fut-là que réfléchissant de plus en plus au dessein qui m'amenoit, je reconnus le besoin que j'aurois de mon paysan. Je m'ouvris à lui ; il ne sut d'abord que répondre,

pondre. J'avois bien prévu son scrupule : une pistole que je lui donnai l'en guérit & le détermina à tout ce que je voulus ; il m'aida même de ses conseils. Nous convinmes de tout ce que son imagination & la mienne purent nous suggérer. Que d'efforts inutiles ! Mon Précepteur avoit déjà mis si bon ordre à tout, qu'il coupa jusqu'à la racine du mal qui produisoit tant d'agitations.

Etant venu pour nous reprendre au Collége, & bien surpris de ce que mon frère lui apprit, il n'en fit point à deux fois. Sans se donner d'autre temps que celui de remettre son autre élève à un valet, il prit la poste ; & au lieu de me chercher en route, ou de venir avertir mon père, il se rendit droit au Couvent de ma cousine. Il me connoissoit trop pour douter du motif de ma désertion, & pour croire qu'il eût jamais de repos avec moi, tant qu'il seroit question de ce cousinage.

Le temps que j'avois mis en chemin, lui en avoit donné de reste pour me prévenir. Il demanda d'abord la Supérieure, & lui ayant fait le détail de mon histoire, il conclut par la prier, au nom du bon

Dieu & de toute la famille, de feindre, lorsque je viendrois, que ma cousine étoit morte, & de conduire si bien cette innocente & utile tromperie, qu'elle pût avoir son effet. La Supérieure le lui promit, & lui tint si bien parole, que jamais comédie ne fut mieux jouée. Mon Précepteur ne doutant pas de me prendre au gîte, se contenta d'envoyer un exprès à mon père, pour l'informer de ce qui se passoit, & le prier de le venir joindre en habit de deuil. Cependant il demeura à m'attendre, & il vit bientôt le succès de sa pièce.

Mon paysan & moi, bien éloignés de croire que nos mesures fussent inutiles, nous poussâmes notre pointe dans toute la simplicité de notre ame. Je le menai avec moi au Couvent, & après l'avoir posté dans un lieu pour m'y attendre, j'entrai au parloir, & demandai ma cousine, par son nom. La Tourière qui avoit le mot, me le fit répéter une seconde fois. Qui demandez-vous, Monsieur, me dit-elle? Je demande, lui répondis-je, Mademoiselle...... Ah! oui, oui, reprit-elle; c'est vous Monsieur, si je ne me trompe, qui vintes l'année passée. Mais où est donc

Monsieur votre père ? Est ce qu'il vous envoie seul pour tenir sa place ? Je fus si déconcerté, que je ne sus que répondre. Quoi, Monsieur, reprit la malicieuse Tourière, il semble que vous ignoriez que votre chère cousine est morte, qu'elle est déjà depuis deux jours dans le cercueil, & que nous n'attendons que Monsieur votre père pour en faire les funérailles ? Je ne sais comment je pus seulement entendre ces dernières paroles. A peine les eut-elle prononcées, que de la surprise où j'étois déjà, je tombai sans connoissance & presque sans vie.

La Supérieure accourant à la grille au bruit de la Tourière, y passa toutes sortes d'essences pour me rappeller de mon évanouissement. J'en revins ; mais ce ne fut que pour pleurer, sanglotter, & donner des marques de la plus vive douleur. La Tourière elle-même en fut attendrie. Elle fit tout ce qu'elle put pour me consoler, sans pourtant se démentir ; remède qui eût été le plus efficace. Je fus plus franc qu'elle. Je lui racontai innocemment ce qu'elle n'ignoroit pas ; que j'avois quitté mon Précepteur à Nancy ; que mon père ne le savoit pas; & que pour surcroît de malheur, je craignois sa disgrace. Elle me rassura contre cette crainte. Tranquillisez-vous, me dit-elle, je suis sûre de faire votre paix, & vous n'avez rien à craindre de ce côté. Elle me retint tout le jour avec elle, essuyant mes larmes, & me répétant toujours les mêmes choses. Le soir étant venu, elle me conduisit à mon auberge. J'y trouvai mon paysan, qui las d'attendre, s'y étoit rendu. Il eut assez d'esprit pour ne me rien dire devant elle; mais quand elle eut fini de me recommander, & qu'elle fut sortie, il me suivit dans ma chambre, & me dit : Monsieur, je m'apperçois que vos affaires vont mal. Je crains, & je vous prie de me permettre de m'en aller. Vous le pouvez, lui répondis-je, & qui plus est, emmener votre cheval, car je n'en ai plus besoin. Il me prit au mot; après qu'il eût été chercher l'hôte, devant qui je répétai la même chose, il me remercia dans tous les termes que lui dictoit sa reconnoissance, & partit.

Je demeurai à l'auberge, suivant que j'étois convenu avec la Tourière, & sur sa parole, j'y attendis tranquillement mon père qui devoit arriver. Elle l'amena le lendemain à midi. Le sentiment de ma honte se joignant tout-à-coup à ma douleur, je me précipitai dans ses bras, comme pour lui demander miséricorde. Aussi désarmai-je tellement ce qui pouvoit lui rester de colère, que les larmes lui vinrent aux yeux, & il ne fut en rien question de mon équipée. Je ne doute pas même, que touché de tendresse & de pitié, il ne m'eût confessé le tour qu'on me jouoit, si mon Précepteur ne lui eut déclaré, comme je l'ai su depuis, qu'il seroit obligé de renoncer à mon éducation, si on ne lui tiroit cette épine hors du pied. Il avoit la comédie si fort à cœur, que dans la crainte de me donner le moindre soupçon, il étoit déjà parti pour retourner à Nancy, me laissant à mon père, & attendant le succès de sa ruse.

La Tourière s'étant retirée, je demeurai seul avec mon père. Loin de me dire le moindre mot qui sentit la réprimande, il me consola de la prétendue perte que j'avois faite, & me disposa à lui aller rendre avec lui mes derniers devoirs. Mon Précepteur avoit si bien su ménager toute la pièce, qu'on n'attendoit en effet que mon père pour chanter une Messe de *Requiem*. Nous nous rendîmes donc le lendemain à l'Eglise du Couvent. J'assistai à une cérémonie, la plus lugubre que j'aie vu de ma vie; & ce qu'il y a d'original, c'est que ma cousine elle-même y assista, & pria comme moi pour le repos de son ame. Par une espèce de pressentiment, je demandai à la voir au moins dans son cercueil; mais on me répondit que j'étois devenu trop grand pour entrer dans l'intérieur du Couvent; que cette grace qu'on m'avoit faite l'année auparavant, ne pouvoit plus s'accorder: & qu'outre cela la Messe étant finie, ma cousine étoit déjà enterrée. Je m'en tins-là, & cette tragicomédie n'eut son dénouement que plusieurs années après.

Tout jeune & tout passionné que j'étois, je ne laissai pas que de comprendre qu'il n'y avoit plus de remède à la mort. Ce qui ne pouvoit avoir de prise sur moi auparavant, produisit l'effet dont mon Précepteur s'étoit flatté. Lorsque mon père m'eut pris avec lui, je me tranquillisai peu-à-peu, & quand je le fus assez, lui-même me remena à Nancy, pour y reprendre le cours de mes études. Mon Précepteur me reçut sans faire semblant de rien. Il adressa seulement quelques mots à mon père touchant ma désertion, & dans la suite il ne m'en parla plus jamais.

Un reste de mélancolie traversa néanmoins assez long-temps mes études ; mais les récréations qu'on me procura, & les connoissances que je fis, la dissipèrent peu à peu. Mon Précepteur observoit un grand choix dans nos liaisons, & sur-tout à l'égard du sexe, dont il ne me voyoit point approcher sans crainte. Il redoutoit même tout ce qui pouvoit m'attacher fortement ; & dès qu'il s'appercevoit que je prenois plus de plaisir à un divertissement qu'à l'autre, il tâchoit de m'en sévrer. J'aurois été heureux si j'avois eu, du moins jusqu'à un certain âge, ce Précepteur si sage, & qui me connoissoit si bien.

Comme sa vigilance se répandoit, surtout hors du Collége, & qu'il ne croyoit pas qu'il y eût rien à craindre, c'est-là qu'il pensa être pris à son insu. J'étois en Philosophie. Cette nouvelle carrière, & le Régent sous lequel j'y entrois, eurent pour moi tant de charmes, que je ne voulus pas seulement être Philosophe, mais Jésuite. Mon penchant se fortifia tellement, qu'un jour plus ravi qu'à l'ordinaire d'entendre raisonner mon Régent, je résolus de m'ouvrir à lui sur mon dessein. Je le fis dès en sortant de classe, & la manière dont il reçut ma proposition acheva de me déterminer. Ce n'étoit donc plus un fol amour qui m'animoit, mais une belle passion pour la Philosophie, & pour le bonnet de Jésuite. A tout prendre, mon père auroit certainement beaucoup mieux aimé celle dont j'étois guéri, & pour laquelle on me tenoit depuis près de trois ans éloigné, dans la crainte que quelque indiscrétion ne vint à la réveiller.

Pendant tout cet intervalle, je n'avois vu mon père que de temps en temps, & jamais mon oncle, qu'on me disoit toujours être à l'armée, ou à Paris. Mon père étant venu nous voir, selon sa coutume, & ayant amené mes sœurs, que nous souhaitions depuis long-temps, je m'ouvris devant tous de mon dessein. Mon Précepteur, devant qui mon père se tourna, comme pour lui demander s'il en savoit quelque chose, demeura tout interdit. L'un & l'autre se levèrent, & un moment après mon père revenant à nous, me dit: Qui vous a mis, mon fils, un si beau dessein en tête? La Philosophie, lui dis-je; c'est une si belle science, on parle, on raisonne. Apprenez, interrompit mon père, à raisonner sur vous-même & à ne pas chercher à me déplaire plus que vous n'avez déjà fait.

L'air grave, & presque déjà Philosophe, avec lequel j'avois exprimé mon projet, & sur-tout ma dernière réponse, jeta dans l'esprit de mon père une véritable crainte. Mes sœurs qui s'imaginoient déjà me perdre tout-à-fait, se jetèrent à mon col comme pour m'arrêter. La scène finit par mon Précepteur, qui me pria instamment de déclarer d'où & depuis quand cette fantaisie m'étoit venue. Comme il étoit Ecclésiastique, & partisan des Jésuites, il craignoit que mon père ne s'imaginât qu'il en fût l'auteur, ou du moins qu'il y eut donné les mains. Il étoit néanmoins trop honnête homme pour abuser de la confiance qu'on avoit en lui, & pour entreprendre ou se prêter à rien qui fût contraire aux vues qu'on pouvoit avoir sur moi. J'étois regardé comme le soutien de la famille, non-seulement en qualité d'ainé, mais parce que mon cadet étoit d'une santé si foible, qu'il ne laissoit presque rien à espérer.

Les mesures que mon père prit avant même que de partir, marquoient assez jusqu'où alloit sa crainte. Il fut trouver le Père Recteur des Jésuites, & mon Régent; mais au lieu de me recommander à eux, comme il avoit coutume, il les pria de me détourner d'un dessein qui n'auroit jamais lieu. A qui se fioit-il? Une Lettre qu'il reçut bientôt du Recteur même, & de mon Régent, le lui fit connoître; & si mon Précepteur n'avoit été plus sincère qu'eux, je ne fusse jamais sorti de leurs mains.

Lorsque mon père & mes sœurs eurent repris le chemin du logis, nous reprîmes, mon frère & moi, celui du Collége. Dès le premier jour, mon Régent me parla de la visite de mon père, & me racontant ce qui s'étoit passé, il ajouta: Persistez, mon fils, & nous trouverons bien moyen de le faire consentir. Mon Précepteur, toujours rusé, ne me traversa pas ici, comme il avoit fait à l'égard de ma cousine. Soit pour se ménager auprès des Jésuites, soit pour servir plus efficacement mon père, il feignit d'entrer dans mes vues. Par ce moyen, il apprenoit de moi-même tout ce qui se passoit ; & sans manquer à son devoir, ni aux égards qu'il pouvoit avoir pour les Jésuites, il en donnoit régulièrement avis. Malgré cette précaution, il pensa néanmoins être dupe.

Un beau jour, plus enthousiasmé qu'à l'ordinaire, je demeurai au Collége, & de concert avec mon Régent, je fus trouver le Père Recteur, à qui je dis que je ne voulois plus sortir. Aussi-tôt dit, aussi-tôt fait. Ma chambre étoit déjà toute prête au Noviciat, & sur le champ on m'y conduisit. Cependant mon Précepteur, qui avoit perdu l'habitude de nous venir conduire & chercher, voyant mon frère seul, prit l'alarme. Il accourut au Collége, & parvint bientôt jusqu'à moi. Ce n'étoit plus le temps de feindre. Il se plaignit amérement au Père Recteur, au Maître des Novices, & à mon Régent, qui étoit encore là. Il leur dit qu'ils n'ignoroient pas qu'il falloit le confentement de mon père ; que le moyen de ne jamais l'obtenir, étoit peut-être la manière dont on s'y prenoit ; qu'ils devoient fe fouvenir d'ailleurs, qu'il étoit obligé de répondre de moi, & qu'il ne comprenoit pas comment on pouvoit lui jouer un pareil tour à lui, qui avoit toujours été un des ferviteurs les plus attachés à la Société.

L'indignation, le dépit, fon zèle pour mon père & pour moi, lui donnèrent tant d'éloquence, qu'il perfuada ceux qu'il regardoit comme mes raviffeurs, de me remettre entre fes mains ; fauf néanmoins, ajouta-t'il, à me rendre, après avoir écrit à mon père, & obtenu de lui un confentement libre & dans les formes. Ce fut la feconde folie dont mon Précepteur me fauva, & qui ne mérite pas moins toute ma reconnoiffance que la première.

On peut bien s'imaginer la conduite qu'il tint, après m'avoir arraché du Noviciat. Il écrivit d'abord à mon père. Le Recteur & mon Régent écrivirent auffi de leur côté ; mais jufqu'à ce qu'il eut reçu réponfe, il ne permit plus que je retournaffe au Collége, ni même que je fortiffe. Mon père ne s'en remettant à personne, prit la poste, & arriva bientôt lui-même. Il loua d'abord mon Précepteur, le remercia de son zèle & de sa vigilance; & sans différer, il fit plier bagage & nous emmena. Ni l'un ni l'autre ne prirent congé des Jésuites. Pour moi, je voulois à toute force dire adieu à mon Régent; mais à peine m'écoutoit-on. Tout le long du chemin, je me plaignois, comme si l'on m'eut enlevé du Paradis. Mes plaintes n'empêchèrent pas que nous n'arrivassions.

Si ce n'avoit été l'affaire qui venoit de se passer, le dessein de mon père étoit de me faire faire tous mes exercices à Nancy; mais dès qu'il apprit la première fois mon ardeur pour la Philosophie, & mon plan de Jésuite, il changea, & avoit même déjà écrit à Paris. Mon oncle n'y étoit pas, ce qui rendoit la chose un peu plus difficile. Il étoit à l'armée: mais le voisinage de sa fille, qu'on craignoit de voir ressusciter, me fit expédier le plutôt que l'on put. Il fut résolu que mon frère maigrelet garderoit le logis, que j'irois seul avec mon Précepteur, & qu'il ne me quitteroit que lorsque mon oncle y arriveroit au commencement de l'hiver.

Tous ces arrangemens pris, mon père, le jour même de notre départ, me mena dans une chambre en particulier. Là il m'embrassa, me fit diverses exhortations, & la larme à l'œil, il conclut : Que le Ciel ait pitié de toi, qu'il te conserve & te bénisse ainsi que moi ! Il ajouta à cette bénédiction quelques louis, & mon Précepteur déjà fourni, nous partîmes.

J'avois tant ouï parler de Paris, que l'idée seule que je m'en faisois m'occupoit tout entier. Ayant oublié depuis long-temps le motif qui m'avoit conduit à Nancy, je ne songeai presque plus à celui qui m'en avoit fait arracher. Enfin nous arrivâmes ; & c'est ici que vont commencer des scènes, dont le souvenir me pèse & ne cessera jamais de m'accabler.

Parmi les lettres dont nous étions pourvus, il y en avoit une pour Monsieur le Comte de J..... Seigneur de notre Province, & ami intime de mon père. Ce fut chez lui que nous fîmes mettre pied à terre. Il ne m'avoit vu qu'enfant. A peine me reconnut-il ; mais il ne m'en fit pas moins d'amitié & de caresses. Lui-même s'acquitta de tout ce que mon oncle auroit pu faire.

s'il avoit été à Paris. Nous demeurâmes plusieurs jours dans son hôtel, & je n'en sortis qu'avec lui dans son carrosse, pour aller prendre un appartement près du Luxembourg, & à portée de l'Académie de la Guérinière, où je devois m'exercer tous les jours. Il avoit déjà fait parler à ce célèbre Ecuyer. L'ayant envoyé chercher sur l'heure même, il me recommanda fortement à lui; & après quelques complimens qu'il me fit sur ce qu'il attendoit de mes dispositions, il nous laissa.

La première chose que me proposa mon nouveau Maître, fut d'aller à son Académie. Nous nous y rendîmes. Quelques leçons qu'il donna d'abord dans son manége à quelques jeunes gens qui l'attendoient, me charmèrent. Nous fûmes ensuite voir l'écurie, & je ne fus pas peu surpris d'y trouver quarante à cinquante chevaux magnifiques, & qui sembloient faire l'éloge de la main qui les avoit dressés. La Guérinière nous retint à dîner. Si je me sentois déjà flatté, je ne le fus pas moins d'une compagnie de jeunes cavaliers avec qui je dînai, & dont l'air & les manières ne me laissoient rien à souhaiter que de pouvoir les imiter bientôt.

Tous s'empressèrent à me faire civilité & amitié. L'un d'eux, avec qui une certaine sympathie m'unissoit déjà, me demanda mon nom & ma Province. Je le satisfis. Il me demanda ensuite ma demeure; j'appris la sienne, & nous ne nous quittâmes point sans nous être réciproquement visités. Le lendemain, dès le matin, il vint me prendre. Tout le jour se passa en promenades & en divertissemens, & nous en fîmes de même jusqu'à ce que tout fût prêt pour recevoir ma première leçon. Ce jour-là, je traitai le Maître & ceux avec qui je m'étois trouvé chez lui à table. La joie, la gaieté, tout en fut. Quelle différence, disois-je en moi-même, de ce pays au mien, & de ce Collége à celui de Nancy!

Mon Précepteur, qui ne doutoit pas que ce train de vie ne me plût infiniment, & qui craignoit même qu'il n'allât bientôt sous ses yeux plus loin qu'il ne voudroit, me prêcha morale dès que nous fumes entre quatre yeux. Monsieur, me dit-il: Voici un nouveau genre de vie, qui me paroît vous plaire assez, pour craindre qu'il ne vous plaise bientôt trop. Souvenez-vous que j'ai encore à répondre de vous, & que tant que vous serez sous ma direction, vous devez vous laisser gouverner & suivre mes avis. J'espère cette grace de vous; mais je crains bien, lorsque vous ne m'aurez plus, que vous ne m'oubliez bientôt tout-à-fait, & mes conseils.

Nous nous couchâmes là-dessus. Le sommeil qui me permettoit à peine d'entendre cette leçon, me permit encore moins d'y songer. Je ne m'éveillai que pour me préparer à aller au manége. Pendant près de six mois, c'est-à-dire tout le temps que mon Précepteur avoit à demeurer avec moi, je ne fus occupé d'autre chose, excepté de quelques parties de plaisir, où sa morale revint encore. Elle n'étoit que trop à sa place; & si je ne fis pas alors toute l'attention qu'elle méritoit, ou si même elle m'ennuyât, je n'en ai eu que plus lieu de connoître dans la suite, le tort qu'ont les jeunes gens en pareil cas. Du plus au moins, tous en sont logés là. Ils dorment, lorsqu'on leur fait prévoir les malheurs qu'ils ont à craindre de leurs passions. Mais que souvent ils sont cruellement réveillés ! La honte, le repentir, la douleur, ne sont que les moindres choses auxquelles ils puissent s'attendre.

Mon oncle, que nous attendions tous les jours, arriva enfin, & mon Précepteur prit congé de moi. S'il m'aimoit, je l'aimois aussi. Lorsqu'il vint pour m'embrasser & me dire adieu, je m'attachai si fort à son col, qu'il ne pouvoit se dégager. Non, mon cher, lui disois-je, je ne veux pas que vous me quittiez. Que deviendrai-je après votre départ ? Hélas ! j'avois bien raison, mais non pas dans le sens que mon affection me le dictoit. Consolez-vous, me répondit-il les larmes aux yeux. Souvenez-vous seulement quelquefois de moi. Tout ce que je pourrois vous dire de plus, ne seroit que ce que je vous ai déjà répété mille fois. Je montai avec lui en carrosse, & le conduisis jusqu'au lieu où il devoit prendre la voiture publique.

Après l'avoir vu partir, je retournai trouver mon oncle, qui m'attendoit chez moi. Comme il lui étoit indifférent où il logeât, je lui cédai mon appartement, & pris celui de mon Précepteur. Il se renferma pendant sept ou huit jours, pour se remettre des fatigues qu'il avoit essuyées, & pour prendre des arrangemens. Au bout de ce temps, nous sortimes, & fûmes faire ensemble quelques visites. La première fut chez Monsieur le Comte de J........ Nous y rencontrâmes Monsieur le Baron d'H..... son frère, & entr'autres Madame la Comtesse de C... depuis Madame la Maréchale de..... Cette Dame étoit alors dans tout l'éclat de sa beauté. Monsieur le Duc d'Orléans qui s'y connut toute sa vie, la voyoit souvent; & quoique son règne ne fût pas long, il dura néanmoins assez pour qu'elle eut le temps de me placer au nombre des Pages de ce Prince. C'est donc à elle que je dois cette faveur. Peut-être m'eût-elle été plus profitable, si l'inconstance ne s'en fût mêlée & n'eût changé la face des choses.

Ce jour-là, Madame la Comtesse.... se contenta de donner quelque éloge à mon air éveillé, & de me marquer de la bienveillance. Nous dînâmes avec elle. Le repas fini, chacun se retira; mais mon oncle & moi restâmes & passâmes le reste du jour à cauſer familiérement avec Monſieur le Comte de J.... & ſon frère. Il fut preſque toujours queſtion de moi. J'appris dans cette converſation que mon père me deſtinoit à la vie ſimple qu'il menoit, qu'il auroit déjà voulu que je retournaſſe près de lui; mais perſonne n'étoit de cet avis. Mon oncle m'adreſſant la parole, me dit en riant : Et vous, mon neveu, qu'en penſez-vous? Moi, répondis-je, mon cher oncle, je n'en penſe pas moins que vous. Six mois ici valent mieux qu'un ſiècle en province. Oui, ſur-tout, reprit-il, quand on n'a plus de Précepteur & qu'on s'imagine avoir les coudées franches. Le ſoir approchant, nous prîmes congé & retournâmes au logis.

Ce que mon oncle venoit de dire de la liberté dont j'allois jouir, ne pouvoit être plus vrai. Elevé & nourri à la guerre, il n'étoit pas ce ſcrupuleux Précepteur, qui m'étourdiſſoit ſans ceſſe de ſa morale. L'honneur, la bravoure, étoit tout ce qu'il me prêchoit. Du reſte, ayant ſes habitudes, j'eus bientôt les miennes, & excepté le ſoir & le matin, nous ne nous voyions guères que par rencontre. De la liberté, je passai presqu'aussi-tôt au libertinage. Je me liai d'abord fort étroitement avec deux ou trois de mes camarades de manége, & sur-tout avec le Chevalier d'Arcis, celui de tous qui m'avoit le plus agréé, en dînant la première fois chez la Guérinière.

Ce jeune homme, sous la physionomie la plus douce & la plus pacifique, avoit les passions les plus tumultueuses. Il savoit néanmoins composer quelquefois si bien l'air de son visage, qu'il passoit chez les uns pour un Caton, & chez les autres pour un débauché aussi déterminé qu'aimable. Je ne le connoissois encore qu'à demi, lorsqu'ayant toute la liberté de le pratiquer, je le pénétrai par degrés jusqu'au fond.

La première marque qu'il me donna de son caractère, fut une partie qu'il me fit faire chez des Soubrettes joueuses, où il alloit quelquefois se mettre à sec. Il y étoit attiré par l'une d'elles, qu'il aimoit. Un soir, sortant de la Comédie, il me dit : Venez-vous-en, je veux vous faire souper avec la plus jolie fille de Paris.

C'étoit la première fois que je devois me trouver en pareille compagnie. Je sentis à cette proposition une espèce de frisson ; je ne savois si je devois l'accepter ; mais trouvant un fiacre ouvert devant nous, il m'y poussa, & j'y fus.

C'est quelque chose d'étonnant que le premier pas que l'on fait pour sortir des bornes de l'innocence. La porte du lieu où nous descendîmes, me sembloit devoir tomber sur moi. Je ne montai un escalier fort étroit qu'en tremblant, & quand je fus entré, je crus être en enfer. Une table de Pharaon où l'on jouoit en secret, sembloit assez le représenter. Elle n'étoit presque environnée que de femmes, dont les visages enluminés sembloient autant de furies. Mon ami s'approcha, il parla à l'oreille d'une de ces femmes, & sur le champ il revint à moi, qui n'osoit pour ainsi dire avancer.

L'attention où l'on étoit au jeu, ne permit pas qu'on en fît beaucoup à moi. Le Chevalier lui-même s'acquitta des honneurs. Il me prit par la main, & me tirant à travers plusieurs joueuses, mais qui étoient là debout, il me fit voir de près ce que je n'avois encore vu que de loin. Nous étions derrière sa belle, à qui il donna quelques louis, qu'elle perdit pour lui. Elle eût bien voulu lui en faire hazarder davantage ; mais il lui dit qu'il voyoit bien qu'elle étoit en malheur, & qu'elle feroit mieux de se retirer. La vérité est qu'il n'en avoit pas davantage, puisque pour la contenter il m'en emprunta quatre, qu'elle perdit encore.

Elle se retira, voyant que le malheur la poursuivoit, ou plutôt qu'il ne venoit plus de louis. Nous entrâmes dans une chambre voisine, où la maîtresse du lieu nous conduisit. Le Chevalier lui demanda à souper, & elle y consentit sans peine. C'est l'usage dans ces sortes d'endroits, que d'y régaler tous les soirs une douzaine de malheureux à qui l'on a coupé la bourse. Mon ami, qui étoit souvent de ce nombre, n'eut qu'à parler. Le souper se partagea en deux. Une table fut servie au lieu du sacrifice, & l'autre dans la chambre où nous étions. A la nôtre, se joignirent la maîtresse, & un vieux Garde-du-corps banquier, qui trouvoit-là de quoi subvenir au défaut de sa paie.

Nous passâmes une soirée trop agréable & trop divertissante pour ne pas s'y plaire. La maîtresse du lieu, bonne amie du Garde-du-corps, y mit le comble par une espèce de saillie dont elle s'avisa. Pour cela, dit-elle, en s'adressant au Chevalier, j'ai pitié de votre ami. Nous sommes tous pourvus, il n'y a rien ici pour lui : ma foi, continua-t'elle, j'ai envie de lui envoyer chercher une petite sœur, pour qu'il puisse s'amuser : va, continua-t'elle en se reprenant. Va, répondit le Chevalier. Sur le champ on dépêcha un courier, & presque dans le moment la Jouvencelle arriva. Si j'avois déjà tressailli plus d'une fois, ce fut bien pis quand je la vis, & qu'elle se fut placée auprès de moi. Je n'osois la toucher ; tous se moquoient de moi. Quoi, s'écria le Chevalier, vous êtes si novice ! Je l'étois en effet ; & je puis dire que j'éprouvai alors tout ce que peut l'innocence au point de la perdre.

Mademoiselle Angélique, c'étoit le nom de cette jolie petite sœur, étoit bien plus aguerrie que moi. Jamais je n'en vis qui méritât mieux le nom de Diablesse. Elle

Elle s'acquitta si bien de ce qu'elle croyoit de son devoir, qu'elle me fit rougir cent fois, & pensa me faire perdre la tramontane. Je me souviens, disoit-elle, d'avoir été comme cela ; ce ne fut qu'à force de caresses qu'on vint à bout de moi : mais si j'avois été homme, je crois pourtant que je n'aurois pas tant fait de façons. Il ressemble, continua-t'elle, à Hippolyte, que je vis représenter hier. Enfin, comme je n'y pouvois plus tenir, le Chevalier par pitié souffla toutes les bougies, & nous fimes bacchanales.

 La nuit étant déjà fort avancée, on les fit rallumer pour nous retirer. Qu'est ce que ceci, dis-je au Chevalier, quand je me vis seul avec lui ? Quel tour m'avez-vous joué, & que dira mon oncle de ce que je me rends si tard ? Bon, bon répondit-il; Monsieur votre oncle n'est pas sans doute votre Précepteur. Ces visages d'Evangiles s'épouvantent de tout ; mais pour lui, nous lui ferons, j'espère, entendre raison. Nous arrivâmes. Mon oncle m'attendoit encore. Le Chevalier monta avec moi, & revêtant sa mine hypocrite, il brocha des excuses telles qu'elles, mais qui pourtant passèrent, & furent tout-à-fait bien reçues. Malgré cela, m'étant mis au lit, je ne dormis non plus qu'un criminel qui a mérité tous les supplices. Tel fut l'effet d'une première tache, que plusieurs renouvellent aujourd'hui, & que je crois ne pouvoir trop pleurer.

Le Chevalier, frais & gaillard, vint le matin à mon lever pour voir comment cela alloit. Trois ou quatre ans qu'il avoit plus que moi, & son air, par-dessus tout, séduisirent mon oncle au point de me recommander à lui, comme à un Pédagogue. Fort bien, Monsieur, repliqua-t'il; je vous réponds corps pour corps de Monsieur votre neveu. Bon répondant! La partie & la caution allèrent bientôt de pas égal, & je fis plus de chemin en deux mois sous cette garantie, que je n'en eusse peut-être fait en deux ans.

Dès le même jour nous retournâmes où nous avions été la veille. J'appris à jouer au Pharaon, & je gagnai cinquante louis pour mon coup d'essai. J'aimois déjà assez le jeu; mais cette première amorce me le fit goûter davantage. En deux jours je devins tout ce qu'il y a de pis à craindre pour un jeune homme, Le Chevalier ne voulut pas que nous soupassions ce soir, comme nous avions fait le précédent. Ce seroit à vous, dit-il, à régaler, du moins on vous engageroit à le faire ; & ce sont des canailles qui ne le méritent point. Il est encore de bonne heure, continua-t'il, allons voir la petite pièce de la Comédie ; & pour donner la bonne bouche à Monsieur votre oncle, retirons-nous en gens de bien chacun chez soi.

Ce plan fut un peu dérangé. Deux amis que nous rencontrâmes, nous engagèrent à une partie de souper. Nous en formâmes une autre pour le lendemain, où devoient se trouver des Comédiennes, avec qui nous nous promîmes de nous bien divertir. C'est encore un écueil pour les jeunes gens que cette sorte de gibier. Il est d'autant plus dangereux, que l'amour & les intrigues sont de son métier, & qu'il possède tout le fin de cet art. Pour moi j'en fus quitte pour les cinquante louis que j'avois en poche. C'est la première sotte dépense que j'ai fait en ce genre, & dont je fus aussi aisément consolé, qu'on peut l'être d'une somme venue du jeu.

C ij

Le Chevalier que le desir de se mettre bien dans l'esprit de mon oncle pressoit de se retirer, le fit sous prétexte de s'aller reposer pour la partie du lendemain. Il me remena, & monta comme il avoit fait la veille. Mon oncle n'étoit pas encore rendu. Il l'attendit pour ne pas perdre le fruit de sa peine. Lorsqu'il fut arrivé, l'heure n'étant pas encore indue, nous nous mîmes tous trois à causer auprès du feu. Ce fut-là que le Chevalier se composant fit le Caton, & le parut en effet. Si sa débauche ne m'avoit été connue, moins parce que j'en avois vu que parce qu'il m'en avoit raconté, il n'y a pas de doute que je n'eusse été sa dupe; mais sachant de quel bois il se chauffoit, je ne pouvois comprendre d'où il tiroit un système de morale si bien suivi.

Mon oncle lui-même, qui ignoroit que le sentiment n'y avoit que la moindre part, ne pût s'empêcher d'être surpris, & de lui en faire la question. Monsieur, lui répondit-il, c'est une histoire entière: je vous la ferois volontiers; mais il est déja si tard qu'elle prendroit sur votre repos. Mon oncle se plaisoit trop à l'entendre jaser, pour ne pas oublier qu'il dût même se mettre au lit. Bon, bon, reprit-il, nous sommes bien éloignés de l'heure d'hier. Je vais faire apporter une bouteille de Canarie, pour vous humecter de temps en temps le gosier. Du reste, songez que vous êtes encore auprès de votre maîtresse. Maîtresse, interrompit mon hypocrite ! Ah, Monsieur, que dites-vous-là ! Combien ne m'a-t'on pas rebattu que le vin, le jeu, & sur-tout les femmes, sont une peste pour les jeunes gens !

Cette tirade pensa m'arracher un éclat de rire. J'eus toute la peine du monde à me retenir, jusqu'à ce que j'eusse pris mon mouchoir pour me cacher, & surmonter par le bruit de mon nez, celui que je ne pouvois plus empêcher. Pour être plus en sûreté encore, je me levai, & sous prétexte d'aller faire apporter le vin, je passai la porte pour rire à mon aise. Un valet paroissant avec la bouteille & les verres, je rentrai avec lui. On mit le tout sur une table, & le Chevalier commença son récit.

Monsieur, dit-il, après un prélude de quelques soupirs, je suis, tel que vous me voyez, un de ces malheureux enfans à qui les parens n'ont jamais souri. Je m'appelle ici, vous le savez peut-être, le Chevalier d'Arcis. Ce nom n'est pas le mien propre, ni celui d'aucun de ma famille. Je suis petit-fils de M. le Comte de ... & de Mlle. de M...... dont les amours n'ont été ignorés de personne, ni le mariage de la plupart des Seigneurs de la vieille Cour. Louis XIV lui-même le sut; mais outre qu'il ne voulut jamais permettre la déclaration de ce mariage, c'est qu'il en méconnut jusqu'aux fruits. Mon père, aussi malheureux que sa naissance étoit élevée, fut nourri dans l'obscurité & le secret. On pourvoyoit néanmoins largement à son entretien, & dès-lors même Mlle. de M...... épargna de ses revenus pour lui faire un fixe, & jusqu'à sa mort elle ne cessa de l'augmenter.

Si mon père ne s'étoit pas flatté malgré le peu d'apparence d'être un jour l'héritier universel de sa mère, & qu'il eût été plus économe, il n'y a point de doute qu'il ne m'eût laissé de plus grands biens. Il dissipa non-seulement le sien, mais celui de ma mère, qu'il épousa à l'âge de vingt ans. Ce mariage n'eut pas toute l'approbation de Mlle. de M.... Ma mère étoit néanmoins de la Maison de C..., mais Mlle. de M...... eût voulu une alliance de Robe en crédit, & capable de faire valoir un jour ses droits.

Mon père marié, fut dix ans sans avoir d'enfans, ce qui augmentoit les regrets de Mlle. de M...... & lui en fit peut-être naître à lui-même. Enfin ma mère devint enceinte. La joie fut universelle, mais de peu de durée, du moins pour ceux qui devoient y prendre le plus de part. Mon père mourut avant que de se voir revivre. On m'a dit qu'il fut dépêché; je n'en sais rien. Pour ma mère, elle vécut; mais soit que le chagrin l'indisposât ou qu'il y eût quelque autre cause, le travail qui lui survint au septième mois la tua, & en me donnant la vie, elle la perdit.

Sans père, sans mère, & presque posthume de l'un & de l'autre, je passai du sein où j'avois été conçu dans les bras d'une nourrice. Mlle. de M...... qui vécut encore quelque temps après ma naissance, fit prendre de moi un soin digne d'elle. Elle fit même un effort pour réparer la brêche que mon père avoit faite aux revenus qu'elle lui avoit assignés, & c'est actuellement le plus clair que j'aie. Les parens de ma mère, d'un autre côté, ne m'oublièrent pas, mais leurs soins ne s'étendirent guères que sur l'éducation, & les instructions dont j'avois besoin à l'égard de mes prétentions.

Je fus élevé, je puis dire, en grand Seigneur, & conformément à un rang que je n'aurai jamais. Je passai mes plus tendres années dans les mains des femmes. On m'en tira pour me mettre dans celles des maîtres. Outre un Précepteur pour m'enseigner le Latin, on me choisit un Gouverneur capable de remplir le plan & les vues qu'on avoit sur moi. Comme on supposoit que j'avois sur-tout besoin de Politique, on me donna pour Gouverneur un Ecclésiastique Napolitain, qui ayant long-temps vécu à la Cour de Rome, dans plusieurs autres d'Italie, & sur-tout à celle de France, ne pouvoit manquer de me bien dresser. Ici le même éclat de rire qui avoit pensé m'échapper avant que le Chevalier commençât son récit, pensa m'échapper encore. J'y fis diversion en me levant, & versant à chacun un verre de vin.

C'est à ce Gouverneur, continua-t'il après avoir bu, que je dois tout ce que je pense. Il n'avoit pas seulement une bibliothéque de toutes sortes de Livres de Politique, de Cas réservés de Morale ; mais il en étoit une lui-même à tous ces égards. Il avoit éternellement à la poche, au lieu de son Bréviaire, le célèbre Machiavel. Souvent il le prenoit, & me disoit : Tenez, mon fils, cet homme n'a jamais dit que tout ce que les Princes font. Il m'alléguoit ensuite le Cardinal de Mazarin, & ses deux maximes : *Croyez tout le monde gens de bien ; mais agissez avec tous comme avec des frippons. Paroissez homme de bien, quand même vous ne le feriez brin.* Pour cette dernière, le Chevalier lui-même ne put la prononcer sans rire. Pour moi qui n'en pouvois plus, je pris le parti de m'enfuir en toussant, crachant, & gagnant la porte.

Où allez-vous, s'écria mon oncle ? Je sors pour quelque besoin, lui répondis-je. Dépêchez-vous donc, me cria-t'il encore, & revenez vite. Je rentrai en effet presque aussi-tôt, mais en faisant des efforts

C v

incroyables pour me compofer. Le Chevalier, de fon côté, étoit à peu près dans la même peine. Il avoit déjà eu recours à la bouteille, & la tenant encore, il emplit mon verre & me l'apporta en fe pâmant, tandis que mon oncle fe chauffoit attentivement le vifage au feu. C'étoit quelque chofe d'admirable que de voir deux blancs-becs fe divertir en quelque forte d'un vieil Officier, qui nous eut fabrés, s'il avoit pu s'imaginer que nous euffions feulement eu cette penfée. Ce qu'il y a encore de particulier, c'eft que moi-même j'étois la dupe du Chevalier, comme on le verra bientôt.

Hé bien, dit mon oncle au Chevalier, après avoir repris nos places, où en êtes-vous avec votre Gouverneur ? Mon Gouverneur, reprit-il, m'endoctrinoit fans ceffe. Tout ce qu'il me faifoit lire dans Machiavel, étoit, difoit-il, ce que j'avois à craindre pour le but qui devoit m'animer un jour. L'intérêt, felon lui, étoit le thermomètre des actions de tous les hommes, & en particulier des Princes. Il me montroit d'un côté, toute la morale qui devoit me fervir à jeter de la poudre aux yeux ; & de l'autre, toute la ruse dont la vertu a besoin pour n'être pas la dupe des autres, & se faire rendre justice, sur-tout dans mon cas.

A ce que je vois, interrompit mon oncle, votre Gouverneur étoit un rusé compère. Plus rusé encore que vous ne pourriez le penser, répondit le Chevalier. Mais par malheur pour lui il avoit une physionomie si parlante, & qui mettoit tous ceux qui le voyoient si fort en garde contre lui, qu'il auroit pu difficilement les tromper. Mes parens, quand il se présenta pour mon éducation, furent partagés sur son chapitre. Tous étoient enchantés de ses discours, mais comme sa physionomie les démentoit, plusieurs n'en vouloient point. Ce ne fut qu'à la pluralité des voix qu'il passa à mon service ; & encore le scrutin fut-il si égal la première fois, qu'on fut obligé de recommencer. La seconde l'emporta ; mais seulement d'une voix.

Quel fâcheux air avoit-il donc, demanda mon oncle ? Oh, Monsieur, repliqua le Chevalier ! imaginez-vous une tête à cheveux crépus, moitié rouges, entassée sur les épaules, un visage maigre & décharné, de petits yeux enfoncés ; malgré cela vagabonds, louches quand il les fixoit, & décorés d'un sourcil fort épais, de même couleur que ses cheveux, & dont quelques poils sembloient vouloir l'aveugler. Ajoutez à cela presque point de front, un nez retroussé, un menton de galoche, le tout couvert d'une peau livide & à demi-tannée.

Pour cela, m'écriai-je, cherchant à m'épanouir un peu la rate, voilà un horrible portrait ! Mon oncle, sans rien dire, rioit de tout son cœur. Nous nous livrâmes tout entiers à son exemple ; & pour en avoir le temps, je fus chercher le fond de la bouteille. Nous nous ennuyions si peu à son récit, que nous aurions passé toute la nuit à l'écouter ; mais notre homme, qui étoit bien-aise d'aller se reposer pour la partie du lendemain, ne reprit sa narration que pour la finir de la façon la plus burlesque.

Vous savez, Monsieur, dit-il de sang froid à mon oncle, que quand on a la tête enfoncée dans les épaules, on est menacé d'apoplexie. Oui, répondit-il bonnement. C'est aussi par-là que finit mon Gouverneur,

& avec lui son gouvernement. Quoi, si-tôt ? reprîmes-nous tous deux à la fois ; ce n'étoit guère la peine de nous rasseoir. Oh ! je suis sûr, ajouta mon oncle, que vous nous trompez. Point du tout, répondit le Chevalier. Il est mort, & vous savez Monsieur que les morts ne parlent plus. Dites plutôt ceux qui ont envie de dormir, repliqua mon oncle ; mais auparavant apprenez moi du moins s'il y a apparence de jamais faire usage des leçons de Politique que vous a donné votre Gouverneur. Non assurément, Monsieur, répondit le Chevalier ; & je vous prie même de ne jamais révéler ce que je viens d'avoir l'honneur de vous raconter. Je suis content de mon sort. Je ne vivrois pas mieux, ni peut-être si bien, avec tout le revenu de Mlle. de M....., que je fais avec le mien. Je tâche de profiter des leçons morales de mon Gouverneur. Pour les autres, je crois qu'elles me feroient plus de mal que de bien. Vous avez raison, dit mon oncle en se levant : je vous laisse dans cette bonne disposition, & je crois en effet qu'il est temps de nous aller coucher.

Le Chevalier ne demandant pas mieux,

fit un grand salut & disparut. Moi, je me retirai dans ma chambre, où mon valet, qui m'attendoit, fut surpris des éclats de rire qui m'échappoient. En effet, je n'en étois pas le maître, quand je me rappellois la manière dont le Chevalier s'étoit presque peint, & la bonne-foi avec laquelle j'avois vu mon oncle mordre à la grappe, lui sur-tout qui se piquoit quelquefois d'être si connoisseur. Si ce que j'avois vu me paroissoit risible, ce fut bien pis quand j'appris du Chevalier que toute son histoire n'étoit qu'une fable inventée sur le champ pour son plaisir.

Il avoit prévenu mon oncle d'une partie que nous avions formée, sans lui rien dire de plus. Il devoit venir me prendre. Il le fit, mais fort tard, parce qu'il s'oublia au lit. Il y avoit du temps que j'étois prêt quand il arriva. Il ne prit que celui de saluer mon oncle, & de s'informer comment il avoit passé la nuit. Sur le champ nous partîmes. A peine me vis-je seul avec lui, que je tombai sur son histoire. Ce que vous nous racontâtes hier, lui dis-je, m'a paru bien hardi & bien extraordinaire. Je gage, répondit-il en me regardant fixement, que tu le crois. Comment, si je le crois! n'est-ce donc pas la vérité? Non, ma foi, me jura-t'il; & tout ce que j'ai dit, je l'ai imaginé pour tuer le temps & amuser ton oncle. Quel conte, m'écriai-je! Oui, repliqua-t'il, ce que je dis hier, mais non pas ce que je dis à présent. J'eus toutes les peines du monde à l'en croire, & ce ne fut qu'en me promettant sa véritable histoire au retour de notre rendez-vous où nous étions prêts d'arriver.

En attendant, je me tins plus d'une fois les côtés à force de rire, & je le priai de toute mon ame de prendre garde que mon oncle ne s'apperçût jamais qu'il s'étoit moqué de lui, parce que sûrement il n'en auroit résulté rien de bon. Je ne me suis point moqué de lui, repliqua-t'il, & il auroit tort de le prendre sur ce ton: je n'ai prétendu que l'amuser & le divertir. Soit, lui dis-je: mais quelque don que vous ayez de persuader, je crois qu'il vaut mieux encore qu'il n'en sache absolument rien.

Enfin nous arrivâmes. Nos deux amis nous attendoient déjà. Les Comédiennes étoient averties, & nous ne fimes que les aller prendre. Elles étoient quatre ; c'est-à-dire, deux Comédiennes & deux de leurs amies. Celles-ci montèrent dans notre carrosse ; les deux Actrices dans celui de nos amis, & fouette cocher, nous allâmes descendre à Saint Cloud. Dans toutes ces premières parties, je n'avois ordinairement que le rebut de cette vile marchandise. Plus d'une fois je m'en piquai, & pensai même me faire des affaires. Ce jour-là, j'aurois peut-être commencé ; mais le Chevalier qui me voyoit de mauvaise humeur, me prit en particulier, & me dit, je vois bien que tu n'es pas content de ta chance : écoute, c'est ici au plus offrant & dernier enchérisseur : tu as le gousset garni, ne te fâches pas, choisis seulement, & je me charge du reste.

Mais si je te disois, lui répondis-je, que c'est à la tienne que j'en veux. Tant mieux, interrompit-il, alors tu en seras quitte à bien meilleur prix. Je l'aime pourtant, à ce que je lui ai déja dit ; mais n'importe, viens, & je vais m'en dédire. Non, non, Chevalier, lui répondis-je, tu es trop généreux. Cette autre, sous la protection de ce Mousquetaire me plait bien autant; garde la tienne, & tâchons d'avoir celle-là. Tu l'auras, me jura-t'il, mais il faut observer quelques mesures. Les Mousquetaires ne lâchent pas aisément prise; il faut avec eux de la ruse, ou l'épée à la main. S'il ne s'agit que de l'épée, repartis-je avec feu, parbleu j'en ai une. Fort bien, reprit le Chevalier, mais garde-là pour une autre occasion. Tu ne voudrois pas peut-être que je te reportasse mort à ton oncle. Mort, m'écriai-je avec colère! c'est bien moi qui se laisseroit tuer! Etourdi, me dit-il alors, je vois bien que tu as besoin de mes leçons. Souviens-toi qu'il ne te faut que de l'argent, & que quand il te faudroit du sang, ce n'est pas ici le lieu de le verser. Il n'appartient qu'aux foux de se battre pour les femmes. Je t'en dirai une autre fois davantage. Pour le présent, suis-moi, & prépare seulement tes louis.

Je m'appaisai, & fis docilement ce que mon Pédagogue m'intimoit. Nous rejoignimes la compagnie. Quoique ce ne fût pas trop la saison de se promener, nous allâmes pourtant faire un tour dans le Parc, en attendant le dîner. Nous rîmes, nous batifolâmes ; mais en revenant, le Chevalier céda sa compagne au Mousquetaire, & prit la sienne en badinant. Si j'avois connu ce Mousquetaire, comme j'ai fait depuis, il ne m'en eût pas coûté mes cinquante louis pour les faveurs de cette Laïs. Mais mon petit Grec, & moi, n'étions encore que de l'ancienne Gréce.

Arrivés au lieu où nous avions fait préparer à dîner, le Chevalier me tira encore à part. L'affaire est faite, me dit-il, tu joueras la comédie ; mais c'est à toi à régler les scènes. Elles sont un peu chères à la Cour, & la Dame en question se trouve quelquefois à celles des plus grandes Reines. Nous nous mimes à table. En prenant nos places, je m'apperçus que la Comédienne commençoit à jouer son rôle. Elle me donna l'un de ses côtés, & pendant le repas toutes les attentions furent pour moi. Le Mousquetaire ne s'en formalisoit point. Ils étoient ensemble à pic-nic, & déjà prévenu de son aubaine, il la laissoit faire.

Cependant, comme s'il y avoit eu tout à craindre, elle observa le plus grand mystère pour le tête-à-tête. Elle feignit que la promenade lui avoit donné la colique, & se levant de table la première, elle se retira dans une chambre voisine, sous prétexte d'être libre. Moi qui ne craignois pas le bruit, je la suivis officieusement, & fis d'abord allumer grand feu. Pendant ce temps, le Mousquetaire troquoit déjà avec moi. Ma chance étoit pour lui du fruit nouveau, & c'étoit faute de nous mieux connoître, que nous n'avions pas fait troc de Gentilhomme. Je parle pour moi; car pour lui, il y avoit du temps qu'il avoit payé une fois pour toutes.

Ayant placé ma malade près du feu, dans un fauteuil, une sotte discrétion me fit croire que je devois faire un tour à la salle. J'enfilai la porte. Elle qui craignoit que ce ne fût-là tout, me cria d'un ton langoureux: Quoi, vous m'abandonnez! Je retournai sur mes pas, & pour être d'un retour plus prompt encore, je lui donnai trois ou quatre baisers que j'avois oubliés.

Si ma discrétion étoit sotte, elle n'étoit pas moins inutile. Entrant dans la salle, je fus tout étonné de n'y plus trouver que chiens & chats, à qui la colique prit peut-être aussi. Pour mes gens, ils en tenoient déjà & travailloient au remède. Plus content que je n'aurois dû l'être, je ne fis qu'un saut pour rejoindre ma Cléopatre. C'est-là qu'avec mes louis je trouvai bientôt le véritable élixir. Tous défilèrent dix par dix; c'est le taux que j'y mis. Un de moins, je craignois que le spécifique ne valût rien.

Le mal épidémique étant par-tout bien guéri, on se rassembla par couple au lieu où l'on s'étoit séparé. Comme les plus malades, nous n'y arrivâmes que les derniers. Chacun s'étoit déjà demandé, comment on se trouvoit. On nous fit la même question, & nous la fimes à notre tour. Tous parurent satisfaits, & le Mousquetaire plus que personne. La colique dont nous nous étions débarrassés, ne nous empêcha pas de retourner à la promenade. Nous y allions alors pêle-mêle; tout étoit commun, & plus de particulier. J'en excepte pourtant ma malade, qui me demandoit de temps en temps le bras, pour en cas de colique être sans doute guérie au même prix.

Notre promenade ne fut pas longue. Nous rentrâmes bientôt, & ne sachant plus que faire, on proposa de jouer. Il ne falloit plus que cela pour m'achever. De dix louis qui me restoient, j'en perdis la plus grande partie au quadrille, & j'eus à peine de quoi payer mon contingent de la dépense faite ou à faire. Notre souper ne fut pas à beaucoup près si jovial que le dîner. Nous ne laissâmes pourtant pas de nous égayer, mais sans oublier notre départ. Nous remontâmes dans nos carosses, non pas dans le même ordre que nous étions venus. On s'accoupla, selon son goût, ou plutôt selon le caprice de la débauche.

En arrivant, nous remîmes nos maîtresses chacune chez elle. La mienne paroissoit si passionnée qu'elle ne pouvoit me quitter. Cependant il fallut nous séparer, mais avec promesse de nous revoir, & même au plutôt. Nous nous rejoignîmes, le Chevalier & moi; c'est-à-dire, qu'ayant été séparés, il descendit du carosse où il étoit, pour remonter dans le mien, ou plutôt le nôtre. Il demeuroit dans le même quartier que moi. Le temps que nous mîmes à nous y rendre, fut employé à nous faire réciproquement toutes sortes de questions. Apprenant ce qu'il m'en avoit coûté, il me dit : Diable ! la sauſſe eſt chère : mais paſſe encore pour la sauſſe, pourvu qu'il n'y ait pas certaines épices. Epices, répondis-je, qu'entends-tu par-là ?

J'entends, reprit-il, que ſi j'avois ſu ce que je ſais, je me ſerois bien donné de garde de te servir aussi mal que je crains d'avoir fait. Là deſſus il ne m'apprit pas seulement ce que c'étoit qu'épices, mais que Mademoiselle Pouſſette, (c'étoit le nom de ma Comédienne,) étoit une fameuſe Epicière, connue pour telle ; qu'en ayant déjà ouï parler, il avoit été extrêmement ſurpris & fâché, d'apprendre par les femmes avec qui il étoit revenu, & son nom, & une quantité de poivrades qu'il ſavoit déjà. La vérité eſt que cette pauvre Pouſſette avoit ce méchant renom : mais qu'elle le méritât, c'eſt ce que je ne crois pas ; car elle étoit beaucoup plus retenue que la plupart de ſes pareilles. Son plus grand crime étoit d'être extrêmement jolie & ſéduiſante, préférée par-tout où elle se trouvoit, & s'attirant par-là la jalousie & la rage de toutes ses concurrentes, qui la déchiroient à belles dents.

Cependant, comme je ne savois pas encore toutes ces particularités, je ne laissai pas que d'être fort inquiet, & le Chevalier pour l'amour de moi. Il me conseilla d'abord une neuvaine; & pour me consoler, il ajouta qu'il avoit dans sa manche l'Esculape de Paris, dont il avoit été secouru plus d'une fois, & toujours avec succès. En disant ces mots, notre cocher arrêta. Je descendis, & le Chevalier fut en faire autant chez lui.

La neuvaine à laquelle il me condamna, eut plusieurs bons effets. Elle retint ma fougue; je repris tant soit peu de goût pour mes exercices; je lus comme j'avois coutume de faire sons mon Précepteur. Je me reposai enfin, & ce fut toujours autant de pris pour le salut de mon corps, de ma bourse, & sur-tout de mon ame. Si les jeunes gens réfléchissoient qu'il n'y a pas le moindre dérangement qui ne fasse brêche à l'un de ces grands objets, & souvent à tous trois à la fois, ils s'en abstiendroient peut-être, ou du moins ils éviteroient certains défordres, qui joignent aux inconvéniens que je viens d'indiquer, la perte de la réputation & de l'honneur.

Je fais, & il n'eft que trop vrai, qu'à ce dernier égard, la mode renverfe tout & met le vice à la place de la vertu. Mais qui ne fait en même-temps que ce renverfement d'ordre n'eft venu, & ne fe foutient que par le dérangement de quelques cervelles, qui fe font une occupation & prefque un devoir de tourner en ridicule tout ce qui a l'air de vertu ; & que leur nombre, auffi petit que méprifable, ne peut être mis en parallèle avec la multitude de ceux qui protégent encore la vertu ?

Nous étions dans le cas, le Chevalier & moi, & nous y fûmes dans la fuite bien davantage. Nous n'employions la portion de bon fens que le Ciel nous avoit donnée, qu'à nous rendre foux, qu'à ériger le vice en vertu, & en faire parade, comme un homme qui tireroit vanité, & fe délecteroit à être aveugle, fourd, & couvert de lèpre. Deux chofes en particulier peuvent faire tomber les jeunes

jeunes gens dans ce déréglement d'esprit & de cœur, le tempérament & l'éducation.

Quelquefois les passions sont si vives, qu'après avoir été retenues par bien des efforts, elles se répandent ensuite comme un torrent : c'est de quoi je pourrois servir d'exemple. Quelquefois aussi, faute de frein, elles ne se donnent pas seulement carrière, mais elles ramassent à droite & à gauche tout ce qui peut les rendre plus vicieuses. Souvent même certains vices étrangers se mettent de la partie, & deviennent bientôt comme naturels. C'est ce que l'on pourra remarquer par la véritable histoire du Chevalier, qu'il m'avoit promise au retour de notre partie, & qu'il eut tout le temps de me raconter, pendant la retraite ou le relâche dont nous étions convenus. S'il avoit eu pour veiller à son éducation un homme aussi sage & aussi surveillant que celui qu'on m'avoit donné, j'ai lieu de croire que son tempérament, moins fâcheux encore que le mien, auroit pû être réglé, & que des leçons pareilles à celles que j'avois reçues, ne trouvant pas tant d'obstacle chez lui que chez moi, auroient vraisemblablement produit plus d'effet. Ce qu'il y a de certain, c'est qu'il n'eût jamais été Tartuffe : caractère le plus détestable, mais qui étoit plutôt risible en lui, parce qu'il ne lui servoit qu'à se divertir.

Suivant la résolution que nous avions prise, il vint me faire compagnie. Dès le premier jour, je le sommai de me tenir parole, & de commencer nos récréations par le récit qu'il m'avoit promis. Je croyois, me dit-il d'abord, que tu aurois oublié cette promesse. Je regrette quasi de te l'avoir faite. Deux choses me pèsent, mon cher ami, ajouta-t'il, le passé & l'avenir. Je me suis mis sur le pied de n'y songer que le moins que je puis, parce que cela m'empêche de goûter le présent, où je tâche de trouver le vrai bien. Cependant, continua-t'il, je suis prêt à te satisfaire, mais à condition que tu garderas tout pour toi, & sur-tout que ton oncle, que je ne veux pas m'attirer à dos, n'en saura jamais rien. Tu sais trop, lui répondis-je en riant, combien je t'aime, & que tu n'as qu'à vouloir pour être obéi. Comme mon oncle étoit sorti, & que rien ne nous empêchoit, nous prîmes chacun une chaise, & nous approchant d'un bon feu que j'avois fait allumer, il commença.

Tout ce que tu m'as ouï raconter à ton oncle n'est en effet qu'une fable, mais qui a néanmoins son origine, comme toutes les autres. J'en ai bâti sur ma naissance mille encore plus extraordinaires, & qui le sont peut-être moins que les vérités qui me regardent.

Je ne suis pas seulement posthume, comme il me vint l'autre jour dans l'esprit de le dire, mais une espèce de Melchisédec, sans père, sans mère, sans généalogie. Je dirois même sans commencement de jours ni fin de vie, si une expérience journalière ne m'apprenoit que l'on naît & que l'on meurt. Je ne connus jamais de parens, ni de loin ni de près. J'en ignore jusqu'aux noms, & ne sais d'où m'est venu celui que je porte.

Cependant, si je m'en crois, je suis né quelque chose. Tout autre que moi tireroit cette conjecture de la manière dont j'ai été élevé, & des six cens pistoles que je reçois régulièrement tous les ans, tantôt d'une façon, tantôt d'une autre, & toujours avec l'indication de l'usage que j'en dois faire.

Outre que l'on prend toutes les précautions du monde pour me remettre cette somme, c'est qu'elle est toujours accompagnée des menaces les plus terribles, en cas que je marque la moindre indiscrétion. Tu es le seul à qui j'aie seulement osé jusqu'ici en ouvrir la bouche; mais je ne sais, je te regarde comme un autre moi-même, & c'est moins pour m'acquitter de ma promesse que je me confie en toi, que par un penchant invincible qui m'y porte. Pour ne pas omettre un mot de tout ce que la mémoire me peut fournir de mon histoire, je vais la commencer dès l'âge où il est à peine permis de conserver la moindre idée d'aucune circonstance.

Je n'ai par exemple qu'un souvenir très-confus d'avoir été en nourrice dans un village ici autour, & d'y avoir eu même trois ou quatre femmes. Je ne me souviens pas mieux d'en avoir été enlevé à l'âge d'environ trois ans, par une Dame vêtue de noir, qui me prit dans un carrosse, &

me baisa mille & mille fois, jusqu'à ce que nous arrivâmes ici dans un faubourg où elle me descendit. Cette époque m'est d'autant plus sensible, qu'en descendant le pied lui glissa, & que tombant avec moi, elle fit des cris terribles, sur-tout dans la maison où elle entra, & où elle me déshabilla elle-même de pied en cap, pour voir apparemment si je n'étois point blessé. Heureusement je ne l'étois pas. Ses baisers recommencèrent. Elle sortit, & jamais je ne la revis plus.

Je me suis souvent rappellé cette aventure. Quelquefois j'ai cru que cette Dame si tendre ne pouvoit être que ma mère. Mais quelle apparence que m'ayant amené-là, elle n'y eut jamais remis le pied? C'est ce qui ne s'accorde pas, ce me semble, avec la tendresse d'une mère. Il faudroit, ou qu'elle fût morte, ou qu'on lui eût fait accroire que je le fusse moi-même. Mais cela ne se peut encore : & ne fut-ce que le soin que l'on prend de ma subsistance, je juge le contraire. Quelque précaution qu'elle eût prise, je doute que mes six cens pistoles me parvinssent aussi régulièrement. Et d'ailleurs à quoi serviroit tant de myſtère ? Un père, ou tout autre, ne leveroit-il pas le maſque, du moins à mon égard ?

Quoiqu'il en ſoit, cette Dame me laiſſa dans les mains des deux autres. C'étoit bien des Dames en effet, les comparant aux femmes que je venois de quitter, mais je ne ſus jamais qui elles étoient, pendant quatre ans que je fus avec elles, & qu'elles m'enſeignoient elles-mêmes ce qu'un enfant de mon âge pouvoit naturellement apprendre. Elles me montrèrent tour-à-tour à lire, à écrire. Jamais l'une ne me quittoit que l'autre ne prît ſa place. Ce n'étoit que ſoins, qu'attentions. Je faiſois tout ce que je voulois, à la réſerve de ſortir à la rue. J'eus beau le demander, jamais on ne me l'accorda. Il eſt vrai que la maiſon où j'étois, petite en elle-même, mais bien ornée, & fournie de tout ce qui pouvoit m'amuſer, ne me laiſſoit que cette ſeule choſe à ſouhaiter. Un grand & magnifique jardin qu'elle avoit derrière, avec de belles allées, pouvoit, au lieu de la rue, ſuffire à me promener. Tout ce qui me manquoit, c'étoit des enfans de mon âge : mais ne connoiſſant point cet agrément, il m'étoit facile de m'en passer.

Sachant déjà passablement lire & écrire, un Précepteur vint me tirer de-là pour pousser mon éducation. C'étoit un Ecclésiastique, le premier de cette robe, & presque aussi le premier homme que j'eusse jamais vu. Les Dames avec qui j'étois m'embrassèrent en pleurant, & me livrèrent entre ses mains. J'eus de la peine à les quitter ; & la différence que je trouvai bientôt de la vie douce que je menois auprès d'elles, avec le tourment de la Grammaire, augmenta mes regrets au point de chercher à les aller retrouver. Mais comment ? Mon Précepteur m'avoit d'abord emmené à Meaux, & de-là prenant avec moi le carrosse public, nous étions arrivés à Paris, comme si nous fussions venus de Province. Tout cela s'étoit fait sans doute par précaution ; & dans cette même vue, mon Précepteur m'avoit déjà baptisé le Chevalier d'Arcis, & s'étoit nommé l'Abbé de Fléville.

Nous prîmes un logement dans le Collège de Navarre. Mon Précepteur m'y occupa d'abord depuis le matin jusqu'au soir.

Il n'y avoit ni pleurs ni gémissemens qui tinssent. Son pouvoir étoit absolu, & si je n'obéissois, le châtiment suivoit. C'est dans un de ces malheureux jours, que rebuté à l'excès, je m'échappai de mon tyran, & me sauvai par la ville. Je savois en général que j'avois été à Paris, & que j'y étois encore. Mon dessein étoit de tant courir, tant chercher, & de frapper à tant de portes, que je rencontrerois à la fin le paradis d'où j'étois sorti. J'eus assez d'esprit pour courir d'abord bien loin. Je savois qu'il ne passoit presque point de carrosses dans le quartier que je cherchois ; cela pour ainsi dire me servoit de guide. Je traversai cinq ou six fois Paris d'un bout à l'autre. Je heurtai en effet à mille & mille portes. On m'interrogeoit, je ne savois que répondre. Plusieurs touchés de mes pleurs, & jugeant que j'étois un enfant égaré, me prioient d'entrer ; mais voyant que ce n'étoit point ce que je souhaitois, je remerciois & allois plus loin.

Quatre jours se passèrent ainsi, sans presque manger ni boire, & couchant où je pouvois. A la fin, mon Précepteur qui avoit fait courir par-tout, & qui étoit lui-même à mes trousses, m'attrapa dans le faubourg Saint-Marceau, où je cherchois depuis deux jours, & au même gîte où je m'étois retiré la veille. En le voyant, tout mon corps frissonna. Quelque pitoyable que fût mon sort, quel qu'il ait pu être, je l'eusse préféré au chagrin de retourner sous sa discipline. Il s'approcha pour me saisir. Je le repoussai en jetant des cris effroyables. Vous ne m'emmenerez pas, lui criois-je, j'aime mieux perdre la vie. Si ce n'eût été le respect qu'imposoit son caractère, je ne crois pas que les bonnes gens chez qui j'étois l'eussent jamais laissé faire; mais eux-mêmes m'encourageant, me firent monter avec lui en carrosse, & je retournai à mon Collége.

Soit inquiétude ou fatigue, soit indisposition venue de plus loin, mon Précepteur tomba malade. Il se mit au lit, & ne s'en leva plus. Toutes les fois que je réfléchis à cette perte, je crains de ne l'avoir pas assez regretté. Ce sévère Ecclésiastique eut, je crois, fait de moi tout autre chose que je ne suis. Il est sûr au moins que je ne serois pas si ignorant, & qu'ayant peut-être à la fin pris du goût pour l'étude, je n'en aurois pas tant aujourd'hui pour la vie que je mène : vie qui m'ennuie quelquefois, & qui n'est pas sans remords. C'est ainsi qu'au milieu de la débauche même, la conscience parle & nous presse. On sent, malgré l'ivresse, le tort qu'on a de s'y livrer; & pour peu qu'elle passe ou diminue, on ne peut s'empêcher de se haïr & de se détester. Malheureuses passions ! Troublerez-vous toujours le repos & la raison !

Pendant la maladie de mon Précepteur, continua le Chevalier, un autre Ecclésiastique vint d'avance occuper sa place. Je ne sais comment cela se fit, & se fait encore. Mais si jamais quelqu'un eut lieu de croire aux Génies, c'est moi, par l'impénétrabilité des circonstances de ma vie, qui sont autant de mystères. Ce nouvel Ecclésiastique étant entré, comme pour venir consoler mon Précepteur, s'approcha de son lit, & lui parla quelque temps à l'oreille. Je crus que c'étoit un Confesseur. Je sortis même ; mais un moment après il vint me prendre par la main, & me conduisit auprès du malade, qui d'une voix mourante me fit ses derniers adieux. Voilà, ajouta-t'il, le Précepteur que je vous laisse. Dieu veuille qu'il n'ait pas à essuyer autant de peines & de chagrins que vous m'en avez donné! Il rendit l'ame deux jours après.

Sa mort ne me fut pas à beaucoup près aussi sensible qu'elle l'eût été, si cet homme de bien eût acheté, comme font la plupart de ses semblables à l'egard de leurs élèves, mon amitié par une lâche complaisance. La conscience & l'honneur le guidoient; & je puis dire, que moins je paroissois le regretter, plus en quelque sorte je faisois son éloge. Son successeur sembloit encore avoir été fait exprès pour diminuer mes regrets. C'étoit l'homme dont j'ai fait le portrait dans ma fable précédente, & que j'ai tiré d'après nature, excepté pourtant sa figure que j'ai un peu outrée. Pour faire la juste comparaison de ces deux Ecclésiastiques, il suffira de dire que tous deux, à tous égards, étoient de véritables antipodes.

Ghibelli, c'étoit le nom de mon nouveau Maître, prit d'abord avec moi le titre de Gouverneur. Il ne pouvoit souffrir qu'on l'appellât Précepteur. Je ne sais pourquoi ; car il étoit auſſi peu digne de l'un que de l'autre. Tel il me prit, tel il me laiſſa ; avec cette différence pourtant, que ſans lui je n'aurois jamais ſi bien ſu déguiſer mes penchans & me donner quelquefois la comédie. Il n'en étoit pas de même ſous ſa conduite ; tout étoit ſérieux & méthodique ; & ſi jamais je n'eus de bruit pour n'avoir pas été ſage, je m'en attirai ſouvent faute de l'avoir paru. C'eſt à quoi ſe réduiſoient toutes ſes leçons. Du reſte, auſſi facile, auſſi complaiſant que mon Prédéceſſeur l'étoit peu, il gagna bien vîte mon amitié ; de ſorte que j'euſſe donné pour lui mon ſang & ma vie.

Je ne ſais d'où étoit venu à mon prétendu Génie un pareil Gâte-Jeuneſſe. Mais celui-là, & ayant d'autres ſurveillans, notre conduite lui revint. Mon Gouverneur en reçut de vives cenſures. Je le ſus, & voici comment. Plus d'une fois je l'avois vu triſte & rêveur. En vain je lui en demandois la cauſe. Suivant ſa réponſe, c'étoit toujours un mal de tête ou une migraine. Ce mal lui prenoit à la fin ſi fort & ſi ſouvent, que je jugeai qu'il avoit autre chose. Peut-être m'en serois-je tenu-là; mais dans un de ces jours de crise, je l'apperçus, sans qu'il me vît, une Lettre à la main, & dès-lors je résolus de m'éclaircir.

Pour y réussir, je feignis moi-même d'être malade, & d'avoir besoin de dormir. C'étoit le seul moyen de l'éloigner, autrement il étoit toujours avec moi, & peu m'importoit, puisqu'il travailloit lui-même à me procurer toutes sortes de plaisirs. Voyant que je m'étois mis sur le lit, il sortit comme je l'avois prévu, & fut voir un ami dans le Collége. Moi aussi-tôt je me lève, j'entre dans sa chambre; & soit hasard, soit que n'ayant jamais eu aucun lieu de se méfier de moi, il négligea les moindres précautions, je trouvai la clef de son cabinet, & je n'eus qu'à tourner. Comme je n'avois que des Lettres en vue, je mis d'abord la main sur un paquet qui m'en promettoit. J'y en trouvai en effet, & ce fut-là qu'en cherchant à satisfaire ma curiosité, je l'augmentai à un point qui depuis ne m'a presque laissé aucun repos.

Ces Lettres étoient toutes sans nom;

mais de deux mains ; l'un d'homme, à ce qu'il me parut, & l'autre de femme. Partout je n'y voyois que le nom de fils & de cher fils. La matière d'ailleurs me faisoit assez connoitre qu'il s'agissoit de moi, & sur-tout les premières, qui étoient sans contredit les dernières que mon Gouverneur avoit reçues, & qu'il avoit mises par rang l'une sur l'autre. Les premières, dis-je, ne respiroient que colère & menaces. Je me suis repenti cent fois de ne les avoir pas emportées ; mais la crainte & la hâte où j'étois, me donnèrent à peine le temps de lire ; je me pressai de sortir, pour n'être pas pris sur le fait.

Mon Gouverneur, qui ne me quittoit jamais pour long-temps, rentra presqu'aussi-tôt. J'étois déjà retourné sur mon lit, mais en proie à tout ce que je venois de lire, ou plutôt à une curiosité qui me dévoroit. C'est donc-là, disois-je en moi-même, cet enfant trouvé sous un chou, ou venu comme un champignon. C'étoit en effet les réponses qu'on avoit fait cent fois à mes petites questions enfantines, mais dont j'étois depuis long-temps désabusé, sans pourtant être plus instruit de ma naissance. Cette rencontre me donna tellement envie d'en savoir davantage, que j'eus toutes les peines du monde à ne pas me trahir d'abord à mon Gouverneur. Tout ce que je pus faire, fut de me contenter ce jour-là; mais dès le lendemain je commençai à ne donner à mon Gouverneur non plus de repos que j'en goûtois. Il ne se méfia jamais de rien, & prit toutes mes instances pour un effet de l'âge, qui ne me permettoit plus de m'ignorer moi-même.

Quelque chose que je fisse, il tint ferme, & je n'en tirai jamais aucune lumière. Je suis sûr, lui dis-je, quelques-temps après avoir lu ses Lettres, que vous pourriez me tirer de la juste & cruelle démangeaison qui me dévore. Vous ne le voulez pas, mais comptez que je me souviendrai éternellement du refus que vous me faites. Ecoutez, me répondit-il alors, votre curiosité est à sa place. Je ne souffre pas moins que vous de ne la pas satisfaire : mais savez-vous ce qu'il nous en coûteroit infailliblement & à vous & à moi ? Quoi, lui repartis-je ? La vie, continua-t'il en m'ouvrant des yeux & une bouche comme pour m'avaler. J'avoue que je demeurai tout interdit. Il s'en apperçut. Hé bien, ajouta-t'il d'un ton plus modéré, votre démangeaison se passe-t'elle ? M'étourdirez-vous encore ? Vous le pouvez, si vous êtes las de vivre. Je fus quelque temps sans dire mot ; mais la parole me venant avec la réflexion, je fis une dernière tentative. Qui saura jamais, lui alléguai-je, ce que vous pourriez m'apprendre ? Nous ne sommes que nous deux. Fort bien, interrompit-il ; mais qui me répondra, si je ne sais me taire, que vous le sachiez mieux que moi. Encore une fois, continua-t'il en colère, ne m'en parlez plus.

Si je lui obéis, ce ne fut que pour le moment. Dans la suite, & sur-tout à certains quarts-d'heure, je le démontois. Mais il étoit Italien, & qui plus est Napolitain ; c'est-à-dire, un homme qui naturellement impénétrable, l'étoit encore plus par la crainte du fer ou du poison. Cependant je ne crois pas qu'il y ait échappé. Sa prétendue apoplexie dont j'ai parlé, fut le nom qu'on donna à sa mort subite : mais si l'on eût su comme moi ce que l'on en devoit penser, & qu'on l'eût ouvert, je suis persuadé que le poison s'y fût trouvé. J'en juge par diverses occasions, & sur-tout parce que ne démordant point de sa conduite avec moi, & se fondant peut-être sur ce qu'on n'oseroit jamais le congédier, il avoit manqué dès auparavant d'être assassiné. L'aventure est particulière. Ce fut moi qui lui sauvai pour cette fois la vie, au risque même de la mienne.

Parmi plusieurs habitudes, nous en avions une sur-tout à l'entrée du Marais. De ce quartier, au Collége de Navarre, il y a loin. Un soir, lorsque nous nous retirions, & que nous passions par la place de Grève, on arrêta notre fiacre. Il falloit bien que mon Gouverneur s'attendit à quelque chose de semblable. Il s'élança aussi-tôt hors du carrosse, porta la main à deux pistolets de poche qu'il avoit, les tira au hasard, & pour surcroît d'accident perça la jambe de notre cocher. Moi, sans savoir de quoi il étoit question, j'étois sauté à bas comme lui, & ma petite épée à la main je tins tête à trois assassins. Prenez garde, cria l'un d'eux, ne nous trompons point. Pendant qu'ils cherchoient à mesurer leur coup, un autre carrosse avec deux flambeaux survint. Il passoit à toute bride ; mais malgré cela, mon Gouverneur qui craignoit tout pour lui & rien pour moi, sauta derrière avec les laquais & me laissa-là.

Il étoit si certain qu'on n'en vouloit qu'à lui, que d'abord qu'il fut échappé, les assassins mirent bas les armes, & me faisant des juremens en forme de prières, me persuadèrent de rengaîner, & de me confier à eux pour me remener. Bon-gré, malgré, je ne pus les empêcher. Ils me prirent à brasse-corps, me jetèrent dans mon même fiacre, & craignant le Guet, ils obligèrent le cocher, tout blessé qu'il étoit, de fouetter à tour de bras au Collége de Navarre. Eux-mêmes donnèrent l'ordre ; ce qui prouve qu'ils étoient bien instruits. J'étois si ému, & de l'action qui venoit de se passer, & d'entendre encore mes grivois jurer, tempêter de ce qu'ils avoient manqué leur coup, que j'arrivai sans presque avoir soufflé.

L'un d'eux étant descendu, sonna ; & le portier qui avoit coutume de nous attendre, ouvrit, mais sans chandelle, par bonheur; car s'il avoit vu mes conducteurs masqués comme ils étoient, il eût peut-être refermé, & m'auroit laissé avec mes scélérats. Comme il étoit à demi endormi, & qu'il faisoit plus obscur encore sous la porte que dans la rue, j'entrai sans qu'il s'apperçut que mon Gouverneur manquoit. Le bonheur voulut que malgré mon émotion, j'eusse assez de présence d'esprit pour ne lui rien dire. Je gagnai ma chambre, & tel que j'étois je me mis sur le lit, où après avoir repris mes sens, je m'endormis jusqu'à ce que mon Gouverneur lui-même vint m'éveiller.

Je fus si ravi de le revoir, que je sautai à son col, comme si je le revoyois des morts. Lui, de son côté, ne l'étoit pas tant. Voyez, me dit-il, les risques que je cours; mais laissons cela, & apprenez-moi comment vous vous êtes rendu. Je le lui racontai. Il m'applaudit de n'avoir rien dit au portier. Il en avoit fait de même, & nous convinmes de ne pas lâcher le moindre mot de notre aventure. Etant tranquilles de ce côté, il m'apprit à son tour comment il avoit passé la nuit. Le carrosse derrière lequel il étoit monté, s'étant arrêté près de la Place des Victoires, il étoit descendu avec les laquais. Le maître bien étonné l'avoit prié d'entrer, & entendant son aventure, dont lui-même avoit eu frayeur, il lui avoit offert, peut être par respect pour son caractère, un lit qu'il avoit accepté.

Après nous être mutuellement satisfaits, mon Gouverneur se répandit en plaintes amères sur son sort. On veut ma mort, s'écria-t'il, je n'en doute plus. Mais ne devroit-on pas à présent craindre ma vengeance. Je crus que c'étoit le temps de tirer de lui ce que je n'avois pu lui arracher jusques-là. Pourquoi ces alarmes, lui dis-je? Ne pourrois-je donc pas vous mettre à l'abri, si de vous à moi vous me développiez ce que je vous ai demandé tant de fois? Non, reprit-il, ma perte est jurée, & tout ce que vous pourriez faire ne la retarderoit pas, & ne feroit au contraire que l'avancer. Son affliction, sa tristesse, étoient si grandes, que ma curiosité se changea en compassion, & qu'au lieu de le presser davantage, je me mis à le consoler.

Cependant cette affaire ne le rendit pas seulement triste & rêveur, mais beaucoup plus retenu & circonspect. Nous négligeâmes nos habitudes, sur-tout nous ne nous retirâmes plus la nuit. Malgré cela, je n'en crois pas moins qu'il a été dépêché pour l'autre monde. Outre cette aventure, qui me fait croire qu'on avoit en effet résolu de s'en défaire, c'est que deux heures avant que de tomber, je savois déjà qu'il devoit mourir. Il est vrai que je n'y pensai qu'après coup : mais si j'y avois bien réfléchi d'abord, peut-être y auroit-il eu encore du remède, & que je l'eusse sauvé une seconde fois.

Le matin du jour ou de la nuit qu'il mourut, étant sortis ensemble, nous avons été arrêtés à dîner. C'étoit chez une femme, où plusieurs femelles, jeunes & jolies, nous appelloient souvent. Je ne sais si c'étoit par pressentiment, mais il résista à mille instances qu'il n'avoit pas coutume de faire. Peut-être même eût-il tout-à-fait résisté, si lui faisant le détail de tout ce qui pouvoit flatter son goût, on ne lui eût nommé un petit pain aux champignons. On savoit qu'il en étoit amateur & friand par-dessus tout. Enfin, pour son malheur, il demeura, & je crois qu'on se servit de sa friandise, non-seulement pour l'empoisonner, mais encore pour faire croire, en cas de soupçon, qu'elle avoit été seule cause de sa mort. La Matrône chez qui je m'échappai un jour pour lui en parler, me paya de cette monnoie.

Quoiqu'il en soit, le ragoût qu'on laissa, je m'en souviens encore, tout entier à Ghibelli, ne se fit point du tout sentir jusqu'à ce qu'il le tua. Le même soir, soupant au Collége, il but, mangea à son ordinaire, & paroissoit se porter aussi-bien qu'il eût jamais fait. Après le repas, lui dans sa chambre, & moi dans la mienne, j'entendis ouvrir doucement ma porte. Je tournai la tête pour voir ce que c'étoit; j'apperçus un petit homme masqué, qui s'avançant une Lettre à la main, me faisoit signe de l'autre, & me disoit *chut, chut*. Si j'avois été moins accoutumé aux mystères, je serois peut-être tombé d'effroi, ou j'aurois crié. Tout au contraire, je me levai, non pourtant sans un peu d'émotion ; mais n'importe, j'avançai & je reçus la Lettre. *Bravo*, s'écria doucement le petit homme en me le remettant, cela va bien. Adieu, j'espère vous revoir demain. Il partit, & me laissa-là.

A peine eût-il tourné le talon, que je courus à la lumière pour lire la Lettre. Elle n'avoit pas même d'adresse. Je l'ouvris, & je reconnus sans peine la même écriture de femme, que celle que j'avois vue dans le cabinet de mon Gouverneur. Je me flattois quasi d'y trouver quelque éclaircissement. Point du tout, je n'y lus pas même les doux noms de fils & de cher fils. Ce n'étoit qu'un simple ordre de me rendre seul à une telle heure dans le Jardin de l'Hôtel de Condé, & des réitérations de n'y pas manquer. Hélas ! par malheur pour le pauvre Ghibelli, on ne savoit que trop, comme je le crois, qu'il ne me tiendroit pas compagnie. Je n'eus pas achevé la lecture de ma Lettre, ou du moins de réfléchir à la manière dont je l'avois reçue, & à ce qu'elle contenoit, que je crus l'entendre se débattre & tomber. Je saisis la chandelle, je courus à sa chambre, & je le vis en effet par terre & presque déjà sans vie.

Il est aisé de s'imaginer que si j'avois

eu toute la liberté de penser, & que je l'eusse fait secourir sur le champ, il en fût peut-être revenu ; mais je fus si effrayé, que je tombai moi-même sans connoissance, & que je ne la recouvrai que pour le voir tout-à-fait mort.

Nous n'avions jamais eu de domestiques que le portier du Collége, & un Savoyard pour faire nos commissions. Celui-ci étant venu le matin, selon sa coutume, trouva nos portes ouvertes, & passant de ma chambre dans celle de mon Gouverneur, nous trouva tous deux étendus. Il courut avertir le portier. Tout le Collége le sut bientôt, & s'assembla auprès de nous. Le Médecin qui vint ensuite nous examina, & jugea d'abord que je n'étois pas mort; mais venant à mon Gouverneur, il n'y trouva aucun signe de vie. Pour moi, je ressuscitai bientôt, quelques essences en firent l'affaire; mais quel spectacle ! lorsqu'ouvrant les yeux, je vis Ghibelli qui les avoit fermés pour jamais.

J'ai déjà dit que ce Gouverneur m'étoit cher. Sans examiner alors si j'avois tort ou raison, je m'abandonnai à la plus vive douleur. Je fis des extravagances sur
son

du Chevalier de Ravanne. 97

son cadavre, que j'aurois honte de réci-
[...] m'en arracha ; & ce qu'il y
[...], c'est que parmi ceux qui
[...] ne retirer dans ma cham-
[...] restant le dernier, me mit
[...] la main, & s'enfuit avec
[...] étois pas en état de le lire.
Je le gardai plus de deux heures tel que
je l'avois reçu, ou plutôt je le mouillai
de mes larmes, comme s'il en eût été la
source. A la fin je l'ouvris, & je vis que
ce n'étoit que pour m'intimer de nouveau
le rendez-vous qu'on m'avoit donné la
veille. On présumoit sans doute que je
pourrois l'oublier. En effet, je n'y pensois déjà plus. Mais malgré un nouveau
sujet de mortification, je ne laissai pas que
de m'y rendre.

Jusques-là il ne m'étoit pas seulement
tombé dans la pensée de m'emparer des
papiers de mon Gouverneur. Cette idée
me vint tout-à-coup, après avoir lu ce
dernier billet. Je me levai, & fus me saisir de ses clefs ; mais ouvrant son cabinet,
je trouvai les morceaux dénichés. La douleur où j'étois ne m'empêcha pas de sentir ce nouveau coup. De m'imaginer que

Tome I. E

Ghibelli les eût brûlés, cela ne se pouvoit. Non-seulement il n'avoit aucune raison pour le faire, mais plusieurs au contraire devoient l'obliger à les garder. Ce que je crois, c'est que mon petit homme n'étoit pas fort loin, quand j'entendis mon Gouverneur tomber & se débattre, qu'il attendoit peut-être dans un coin de notre antichambre le moment de la tragédie, pour enlever les papiers, de quelque manière que ce fût; mais que m'ayant vu moi-même étendu, & jugeant qu'il n'y avoit rien à craindre pour moi, & peut être que je ne resterois pas si long-temps dans cet état, il avoit fait son affaire, & étoit décampé & revenu. Je dis revenu, parce que je crois encore que c'est lui qui me fourra le dernier billet dans la main, & qui s'enfuit après, comme je l'ai dit.

Quoi qu'il en soit, incertain de mon sort, & accablé de mille douleurs, je me rendis au lieu marqué. Arrivé, & déjà assis sur un banc, le même petit homme que j'avois vu la veille, vint presqu'aussi-tôt se placer à mon côté. Malgré l'obscurité, il avoit encore son masque. C'est moi, me dit-il, qui vous donnai hier ce rendez-vous. Il est arrivé depuis un grand changement. Votre Gouverneur n'est plus, je le sais; mais loin de vous en attrister comme il se pourroit, vous devez vous en réjouir. Je pensai le battre, quand j'entendis ce début. Je l'eusse du moins laissé, s'il ne m'eut arrêté, en me prenant par la manche & m'appaisant. Rasseyez-vous, ajouta-t'il, & m'écoutez. Qu'allez-vous faire à présent ? Je vais, lui répondis-je brusquement, tenir compagnie à mon Gouverneur, jusqu'à ce qu'il soit en terre; après le ciel y pourvoira. Il y a déjà pourvu, interrompit-il : tenez, prenez cette bourse, & faites-en l'usage que vous indiquera un billet que vous y trouverez. Vous recevrez la même somme exactement tous les trois mois; mais prenez-garde, il y va de votre vie si vous ne vous conduisez pas comme on le veut, si vous marquez la moindre curiosité, & sur-tout si jamais vous parlez. Vous n'aurez plus désormais de Gouverneur, continua-t'il. Il eut mieux valu que vous n'en eussiez jamais eu, mais on y suppléera par des avis qu'il faut suivre, ou mourir.

Mourir, repris-je, il n'y aura pas grand mal, aussi-bien je ne vis déjà qu'à demi. Je me levai pour m'en aller. Il m'arrêta encore, & tandis qu'il continuoit à m'endoctriner, deux personnes nous joignirent, & s'assirent auprès de nous. Elles étoient masquées comme lui ; mais l'une d'elles levant son masque, m'embrassa avec un transport de tendresse qui n'eut jamais d'égal. Je sentis en même-temps des pleurs couler. Elle exprima aussi quelques paroles d'une voix basse & entrecoupée. Tout ce que j'entendis de plus distinct, fut : *Mon fils, mon cher fils, fais ce qu'on exige de toi ; c'est pour ton bien, on t'aime ; tu le sauras peut-être mieux un jour.* L'autre personne qui étoit survenue, se contenta de me prendre la main, de me la serrer, & tous deux se retirèrent, me laissant encore avec mon petit homme. Je crois qu'il n'étoit demeuré que pour m'observer, & empêcher que je ne suivisse ces tendres personnes pour tâcher de les connoître. J'en juge, parce qu'il ne me dit presque plus mot, & qu'en se levant il marmotta seulement entre ses dents ; ils ont eu le temps de se rendre. Adieu.

Je me levai presqu'en même-temps que lui. Je le suivis des yeux tant que je pus ; mais craignant qu'il ne s'imaginât que je le suivisse en effet, je le perdis bientôt de vue, & repris en droiture le chemin de mon Collége. Je trouvai ma chambre & celle du mort remplies. J'en fus ravi ; car s'il n'y eût eu qu'une ou deux personnes comme je m'y attendois, le spectacle eût été trop lugubre pour que j'y eusse résisté. J'aurois cependant bien voulu visiter ma bourse ; mais je me contentai d'en tirer le billet, & de m'éloigner un moment pour le lire. J'y trouvai à peu près une répétition de tout ce que m'avoit dit mon petit homme : outre cela il y avoit une direction pour ma conduite, qui consistoit en ceci : *Qu'après avoir rendu les derniers devoirs à Ghibelli, mon Gouverneur, j'abandonnerois le Collége ; que je ne quitterois pas moins toutes les habitudes que j'y avois, ou celles que je pouvois avoir d'ailleurs ; qu'il falloit, en un mot, que je vécusse d'une tout autre manière, & que je commençasse à me retirer à l'Hôtel d'Anspach dans la rue Jacob, jusqu'à nouvel ordre.*

Je suivis ponctuellement tous ces ordres. Mon Gouverneur mort, enterré, tout le Collége l'étoit pour moi. J'étois même bien-aise de m'en éloigner, pour n'avoir pas éternellement sous les yeux des objets qui ne pouvoient qu'entretenir ma douleur. Je fis faire à Ghibelli des obsèques magnifiques, & à mes frais. Tout le Collége y assista, comme s'il n'y avoit eu rien à dire sur son compte. Cependant, outre plusieurs scandales que notre conduite avoit causé, c'est que voulant approfondir qui nous étions, il s'étoit débité diverses calomnies infames & capables de lui faire refuser la sépulture. Mais monnoie fait tout ; plus encore parmi le Clergé qu'ailleurs ; & notre argent qui avoit jusques-là couvert nos défauts, servit encore à les enterrer.

La cérémonie faite, j'abandonnai le Collége dès le même jour. En passant la porte, je remis les clefs de mes chambres au portier. Je lui donnai en récompense de ses bons services, tout ce qu'il y avoit ; & suivi de mon Savoyard, que j'avois chargé de quelques bagatelles, je me rendis au lieu qu'on m'avoit prescrit. On m'y attendoit déjà. J'eus à peine parlé, que l'on me conduisît dans un appartement magnifique. J'y trouvai même un grand valet qui me falua comme fon maître, & que je gardai comme tel fans lui faire aucune queftion. Pour ne conferver aucune idée de mon Collége, & fur-tout pour n'avoir rien qui me rappellât le trifte fouvenir de mon cher Ghibelli, je récompenfai mon Savoyard & le renvoyai.

La première action férieufe que je fis dans ma nouvelle demeure, fut de vifiter ma bourfe. Je l'avois bien déjà fait, mais feulement pour y puifer ; ce n'étoit pas affez. Mon petit homme m'en avoit promis autant tous les trois mois. Je favois à peu près ce que j'en avois ôté, & je voulois calculer pour favoir quel pourroit être mon revenu. J'y trouvai deux cens louis, & cinquante environ que j'en avois tirés, cela me faifoit par an mille louis. Bon, m'écriai-je, j'aurai-là du moins de quoi me divertir. Cette fomme me fut réguliérement payée pendant deux ans que je demeurai-là. Toutes les fois que mon petit homme fe montroit à moi, soit le soir à la promenade, soit de bon matin chez moi, c'étoit toujours la même bourse de louis. Il n'en eut rien rabattu sans doute, si j'en eusse fait bon usage; mais une Demoiselle de Province étant venue loger dans mon hôtel, je m'en amourachai. Non-seulement je dépensois pour elle tout mon revenu, mais elle me fit faire beaucoup de dettes. J'empruntois à droite & à gauche. Mon génie en fut averti, cela lui déplut, & il m'en fit faire des reprimandes.

S'il n'y avoit eu que cela, peut-être ne m'eût-on rien rogné, & qu'on eût payé mes dettes, à condition de n'en plus faire: mais j'étois si occupé de ma passion, que je négligeois tous les exercices qui m'étoient prescrits. Mon génie me fit faire des plaintes là-dessus, plus vives encore que sur tout le reste. Elles me furent réitérées trois, quatre fois. Voyant qu'elles ne produisoient rien, on fit enlever & conduire ma Provinciale je ne sais où. On m'ordonna de sortir de mon hôtel; on m'indiqua celui où je suis, avec des menaces terribles si je ne m'y rendois pas au plutôt, & m'exerçois régulièrement à l'Académie de la Guérinière. J'obéis, & je le fais encore tous les jours, le désespoir dans le cœur, sur-tout quand je me rappelle ma chère Provinciale qui m'a été ravie, & que je ne compte plus de revoir jamais.

Je ne sus d'abord qu'une partie de mes malheurs; c'est-à-dire, que je n'appris la réduction de mon revenu que lorsque je le reçus, six semaines après, de mon petit homme. C'est ici près au Jardin du Luxembourg que j'eus sa première rencontre. Il ne m'en parla point. Je ne le connus que trop au poids de la bourse; & lorsque pour m'en assurer mieux, je voulus la visiter, j'y trouvai un billet avec ces mots; *Pour vous apprendre à être sage.* Je n'ai donc plus, depuis ce temps-là, que cent cinquante pistoles tous les trois mois. Je m'en console aisément. C'est même plus qu'il ne m'en faudroit pour vivre content, en attendant mieux, si l'on s'en fioit assez à moi pour me croire capable d'un secret qui m'intéresse autant que celui-ci. Mais au lieu de cela, ce ne sont que menaces, au cas seulement que je marque la moindre envie de me connoître. Cependant rien n'est plus naturel, & je trouve dans les marques de tendresse que j'ai reçues, & que je reçois, une cruauté inouie qui les dément.

Quelque raison qu'on ait pour le mystère, c'est me sacrifier que de ne m'en pas faire part. Supposons que les auteurs de ma subsistance, & qui le sont sans doute de ma naissance, viennent à mourir, où en suis-je! Me voilà non-seulement pour jamais sans aucune connoissance de père ni de mère, mais réduit à ne savoir que devenir. Quand même je parviendrois à découvrir mon origine, comment faire reconnoître mon rang, ou répéter mes droits, tandis que toute la terre m'aura ignoré! C'est l'ouvrage d'un fatal honneur, dont je serai la victime. Se peut-il qu'une chimère prévale ainsi sur les sentimens les plus intimes de la nature! Ces réflexions m'accablent; & lorsque j'envisage l'avenir, je ne cherche pour m'étourdir qu'à jouir du présent.

Le Chevalier finissant ainsi son histoire, je lui marquai la vive part que j'y prenois; & quoique je ne fusse guères propre au personnage de consolateur, je ne laissai pas que de le faire en sa faveur. J'espère mieux que vous, lui dis-je. Comptez que votre Génie ne vous abandonnera pas plus pour l'avenir que pour le présent, & qu'il préviendra tous les malheurs que vous redoutez. Le plus grand, repliqua-t'il, seroit de demeurer éternellement une espèce de *Melchisédec*. J'aimerois mieux être Savetier & connoitre mes parens, qu'être Potentat & ne savoir d'où je viens. Quand je vous entends quelquefois dire mon oncle, & que je songe qu'il n'y a pas un être au monde que je puisse seulement qualifier de cousin, cela me navre jusqu'à l'ame. En effet, je ne sache rien de si triste, que de n'avoir aucun parent dont on puisse se réclamer. Le Chevalier, quoiqu'issu d'une des maisons de France, les plus illustres & les plus nombreuses, étoit néanmoins comme étranger dans le monde entier. Je laisse à ceux qui le sont, ou qui l'ont été seulement d'une Province ou d'un Royaume à l'autre, à juger de ce qui en est. Eux seuls le peuvent. Pour moi je vis encore actuellement dans cette disgrace, je trouve que la mort est préférable.

Il étoit heure de dîner quand le Chevalier eut fini, & que nous eûmes fait toutes nos petites réflexions. Comme mon oncle en sortant m'avoit dit qu'il ne rentreroit que le soir, j'avois ordonné le dîner dans sa chambre. Il étoit prêt, & nous nous mîmes à table. J'ai le gosier assez sec, dit d'abord le Chevalier, pour boire un coup, & pour te consoler, interrompis-je ; ma foi tu as raison, c'est une bonne chose que le vin. Il s'en versa lui-même, & sur le champ il en fit l'épreuve. Les jeunes gens font aisément divorce avec le chagrin. Nous perdîmes insensiblement son récit de vue, & la gaieté n'en laissa bientôt presque aucune trace.

De la table, nous fûmes, malgré le froid, en divertir le reste au Luxembourg. Je ne sais si Mlle. de... avoit aussi quelque idée triste à dissiper, mais nous l'y trouvâmes accompagnée de deux Dames, & je me souviens que le Chevalier me dit : *Je voudrois que ce fût-là mon Génie.* Nous la saluâmes en nous croisant ; mais nous étant retournés à quelque distance, nous les surprîmes toutes trois déjà tournées elles-mêmes & qui nous regardoient aller.

De quelque part que vienne une certaine attention, l'amour-propre, toujours prêt à juger favorablement, s'y plaît; mais je remarquai que le Chevalier prit un singulier plaisir à celle qu'avoit pour nous Mlle. de..... Loin que notre action interrompît la sienne, elle ne cessa de nous regarder, & l'on pouvoit même distinguer qu'il y avoit chez elle quelque chose de plus qu'un simple attrait de curiosité. Hélas! tant dans l'un que dans l'autre, c'étoit la nature qui agissoit. Quoiqu'aveugle chez le Chevalier, elle ne se faisoit pas moins sentir que chez Mlle. de... où elle étoit éclairée. Quelques années après les masques tombèrent, les mystères s'éclaircirent; & comme il arrive presque toujours d'un fruit illégitime, le Chevalier fut sacrifié, comme il le craignoit.

Nous passâmes lui & moi le reste de ma neuvaine comme nous l'avions projetté; c'est-à-dire, à faire trève avec le plaisir, & à n'en prendre qu'à nos exercices. La vérité est qu'il n'avoit pas le sou-

& que m'étant déjà redevable de quelques louis, il attendoit l'apparition de son petit homme pour me les rendre, & nous divertir à frais communs. Il en usoit ainsi sans que je le susse; mais lorsque je l'appris, je m'en fâchai, & dans la suite nous fîmes bourse commune. La conformité d'inclinations, qui forme ordinairement les liaisons, nous unit si étroitement, qu'il n'y eut pas seulement entre nous communauté d'espèce, mais que nous ne faisions pour ainsi dire qu'un corps & qu'une ame. Malgré mon changement d'état, qui arriva bientôt, il n'y en eut aucun dans notre amitié. Les nœuds ne s'en serrèrent pas moins ; & l'absence qui arrivoit quelquefois, ne servoit qu'à nous revoir avec plus de plaisir.

Avant que mon espèce de retraite fût finie, mon oncle qui avoit vu plus d'une fois M. le Comte de J.... avoit appris de lui que Madame la Comtesse de C... avoit dessein de me faire Page de Mgr. le Duc d'Orléans. Mon oncle avoit goûté cette proposition. Il s'étonna même qu'étant assez connu du Prince, cette pensée ne lui fût pas venue aussi-tôt après son arrivée ; mais il aimoit encore mieux que cela se fît par le canal de Madame la Comtesse. La première fois qu'il m'en parla, ce fut avec toutes sortes d'avantages. Il me dit, que je n'en ferois pas moins mes exercices, que j'aurois par-là un Protecteur, non-seulement déjà puissant, mais qui ayant la perspective de la Régence, pouvoit un jour mieux qu'aucun autre m'avancer & faire ma fortune. Tu seras-là, ajouta-t'il encore, avec de jeunes éveillés comme toi ; & Dieu sait comme tu vas te réjouir.

Le parti me parut si beau, que j'aurois déjà voulu que l'affaire eût été faite. Mon oncle avoit écrit sur le champ à mon père pour l'en informer, & nous n'attendions que son avis pour voir Madame la Comtesse de C.... & la prier de mettre les fers au feu. La manière dont mon oncle s'y étoit pris à l'égard de mon père, les couleurs qu'il avoit donné à ce dessein, comme pouvant être un jour avantageux, & à moi & à toute ma famille ; de plus, l'espérance de me posséder également dans sa vieillesse, le flattoit trop agréablement pour ne pas recevoir bientôt le consentement que nous espérions. Nous le reçûmes en effet. Le seul obstacle après cela étoit le Chevalier, que je craignois de perdre, & qui témoigna pour moi la même crainte, lorsque je lui fis l'ouverture du parti qu'on m'offroit. Il est sûr que j'y eusse renoncé plutôt qu'à lui; mais nous trouvâmes que ce n'étoit qu'une terreur panique, & qu'à l'exception de nous voir sans cesse, ce qui la plupart du temps fait naître le dégoût, notre séparation n'empiéteroit rien moins que sur notre union.

Nous ne songeâmes donc, mon oncle & moi, qu'à profiter de l'heureuse disposition de Madame la Comtesse de C... Comme la proposition nous étoit venue par M. le Comte de J.... nous passâmes d'abord chez lui. Il offrit de nous accompagner. Nous acceptâmes sa politesse, & sur le champ nous allâmes nous faire annoncer. Il est inutile de dire l'accueil plein de charmes & de graces que nous fit Madame la Comtesse de C.... Connue pour la Dame la plus galante de la Cour, elle en eut toujours les manières. Enfin nous dinâmes chez elle, A la fin du repas, elle ordonna de mettre les chevaux à son carrosse, & à l'instant elle partit pour aller conclure l'affaire.

Elle s'y prit si bien, que dès le lendemain nous fûmes avertis de nous rendre chez M. le Comte de J... Nous le fîmes, sans différer. Un moment après, Madame la Comtesse y arriva, & nous prenant dans son carrosse, elle nous conduisit elle-même au Palais-Royal. Elle y avoit alors les grandes entrées. Comme M. le Duc d'Orléans étoit déjà prévenu, nous fûmes d'abord introduits. Il étoit avec l'Abbé du Bois. Monseigneur, dit-elle, en me montrant de la main, voici le jeune Gentilhomme dont j'ai eu l'honneur de vous parler. Avouez, continua-t'elle, qu'il paroît propre au mystère : ma foi, si vous n'en voulez pas, je le garderai pour moi. *Il te conviendroit mieux qu'à moi*, répondit le Prince en riant. *N'est-ce pas l'Abbé ? qu'en dis-tu ?* Hélas! répondit celui-ci, le respect, Monseigneur, m'empêche de vous contredire.

Après ce badinage, le Prince lui-même m'ordonna d'avancer. J'obéis. Il me fit quelques questions, auxquelles je répondis. Mon oncle, qu'il reconnut, l'empêcha peut-être d'en faire davantage. J'en fus ravi; car tout résolu que je pouvois être ailleurs, je l'étois fort peu devant un si grand Prince. L'idée remplie de son rang & de son mérite, je n'étois pas le maître d'une sotte timidité, qui me coupoit pour ainsi dire le sifflet. Mon oncle ayant pris ma place, je me retirai presque derrière lui. M. le Duc d'Orléans s'entretint quelque temps avec lui, & sans me jeter dans un nouvel embarras, il lui dit qu'il parleroit à M.... son Ecuyer, & que je n'avois qu'à venir endosser l'habit quand je voudrois.

J'accepte votre Page, dit-il à Madame la Comtesse, qui paroissoit s'échauffer avec l'Abbé du Bois. *Je le prends sur votre parole, mais à condition que vous me le dresserez.* Oui, oui, Monseigneur, répondit-elle; s'il ne tient qu'à cela, j'en fais mon affaire. Nous nous retirâmes, mon oncle & moi, & la laissâmes avec Monsieur le Duc & l'Abbé.

Le lendemain nous ne manquâmes pas d'aller la remercier. Elle me tint mille discours égrillards, auxquels je ne savois trop que répondre ; & quoique j'eusse voulu déjà être chez l'Ecuyer, elle l'envoya inviter à dîner, pour ne nous pas laisser aller, & pour, disoit-elle, se recommander à lui, afin qu'il m'envoyât de temps en temps chez elle. Nous demeurâmes confus de ses politesses. Monsieur l'Ecuyer vint. Madame la Comtesse lui apprit le motif de son invitation. Il la remercia, & me dit à moi qu'il croyoit en effet me voir le matin, que M. le Duc d'Orléans lui avoit parlé, & que je serois Page quand il me plairoit. Dès aujourd'hui Monsieur, lui répondis-je, crainte de manquer. Bon, dit Madame la Comtesse, j'aime cette vive ardeur.

Aussi-tôt que nous eûmes quitté la table, nous primes congé. Monsieur l'Ecuyer nous emmena chez lui. Il envoya sur le champ chercher le tailleur. Je pris possession en attendant, & ce jour même je soupai avec les Pages. Me voilà donc dans une nouvelle école. Ciel, que va-t'on voir ! Un jeune homme abandonné à tous ses sens, esclave des plaisirs, & qui court en triomphe à son précipice, comme une victime couronnée de fleurs.

Hélas! pouvoit-on s'attendre à rien moins, non-seulement de mon tempérament, ou du commerce libertin de mes camarades, mais plus encore du dangereux exemple de mon illustre Maître?

Si les plaisirs des sens, si la volupté poussée & rafinée à l'excès pouvoit contribuer pour quelque chose au caractère d'un grand Prince, aucun ne mériteroit mieux ce titre que Philippe Duc d'Orléans. Il est rare qu'un génie aussi supérieur que le sien, ne tombe dans un excès ou dans l'autre. Le tout dépend du penchant, lui seul décide, sur-tout quand il peut se donner carrière, & que rien ne l'arrête.

Philippe avoit du goût pour le plaisir. Il n'avoit pas moins d'esprit, & savoit d'ailleurs qu'il étoit au-dessus du *qu'en dira-t'on*, & des Loix. Il disoit lui-même que celles-ci n'étoient pas faites pour lui, qu'elles n'étoient que pour ceux qui n'osoient ou ne pouvoient se satisfaire. Voilà jusqu'où la raison s'égare, quand le cœur la séduit.

Un autre motif de séduction pour ce Prince, c'est l'exemple que l'on suit ordinairement plutôt dans le mal que dans le bien. Elevé & nourri à la Cour du Monarque le plus galant qui ait jamais été, il franchit sans peine des bornes que la scrupuleuse ignorance ou le tempérament de ses modèles limitoit. Il se trouva d'abord comme de niveau avec eux, & bientôt il passa des égaremens, déjà légitimes, par l'exemple & la mode, au plus illicites ou illégitimes. Le cœur chez lui sembloit n'avoir été fait que pour dominer sur l'esprit; celui-ci ne lui servoit que pour approuver celui-là, ou pour s'étourdir, quand le préjugé & les réflexions lui suscitoient quelques remords.

J'ose dire que depuis César, aucun Prince n'a mieux mérité qu'on dit de lui, qu'il étoit grand jusques dans ses vices; que quoiqu'il en eût beaucoup, il avoit tant de qualités, que dans quelque état qu'il fût né, il l'étoit pour gouverner. Mais ses qualités, d'ailleurs si connues & si rebattues, n'entrent point dans le sujet qui m'oblige à parler de lui. La place que j'occupe dans ces Mémoires, ne permet guères que je le peigne en homme de génie ou d'Etat. Il s'agira plutôt d'amours & de voluptés, je pourrois dire de vices:

mais s'il y en a qui puiffent être ennoblis, tolérés par le rang ou par la manière de s'y livrer, c'eft fur-tout ceux que j'aurai à décrire. Jamais on n'en vit dans cette Cour de fi prêts à s'ériger en vertus. Ils alloient déjà de pair avec elle. Peut-être l'euffent-ils tout-à-fait fupplanté, fi perdant tout-à-coup leur fupport, elle n'eût repris fes droits & fa place dans l'ordre naturel.

C'eft chofe étonnante, que l'influence que les mœurs d'un Souverain ont dans tous les Etats du monde fur celles de leurs Sujets. On peut de prime-abord reconnoître leur goût par celui de leur Cour. Il ne fe borne pas-là; mais à mefure que le régne eft plus long, il paffe de la Cour à la Ville, & de la Ville à la Campagne. Une mode alors femble juftifier pour un temps, ce qu'une autre vient bientôt détruire.

Le Duc d'Orléans, pour ne rien omettre de ce que je penfe, avoit reçu du Ciel un génie & un cœur incapables de médiocrité. S'il n'atteignoit pas au plus haut degré de vertu, il falloit qu'il tombât dans un abyme d'égaremens. Le mauvais exemple, qu'il suça comme avec le lait, & le malheur d'avoir eu près de lui un homme de mœurs pourries, firent que ses talens, qui auroient pû se tourner du bon côté, prirent le mauvais. Si le choix des sujets est nécessaire lorsqu'il s'agit d'éducation, il l'est sur-tout à l'égard d'un jeune Prince, appellé à être le modèle de tout un Peuple.

L'Abbé du Bois, centre du vice, ne pouvoit guères manquer de faire du Prince, son Pupille, un autre lui-même, & de donner lieu à cette épitaphe que quelques plaisans firent pour être mise sur le tombeau de son illustre mère : *Ci gît l'oisiveté, ou la mère de tous les vices.*

Enfin le libertinage, sous la protection de ce Prince, ne pouvoit malheureusement être mieux pour prospérer. Son esprit sur-tout enjoué, plein de graces & de vivacité, savoit donner à ses passions le tour le plus propre pour les faire applaudir & goûter. Tout en imposoit chez lui, l'éclat du rang, l'agrément. On ne pouvoit l'écouter sans penser comme lui, & sentir quelquefois beaucoup plus, surtout vers les dernières années de sa vie, où ce n'étoit plus qu'un cours habitue d'expressions desanimées de passions. Ce n'est pas, comme on sait, qu'il fût fort avancé en âge : mais quand on a vécu en poste, la fatigue fait sur ceux-ci ce que l'âge fait sur les autres. Je rentre dans ce qui me regarde. Qu'on me pardonne, si je me suis peut-être un peu trop écarté.

Le Tailleur étant venu m'ajuster un habit sur le corps, M. l'Ecuyer me présenta au Prince. Il prit le temps que Madame la Comtesse de C.... étoit avec lui. Je parus, & je puis dire qu'on n'eut jamais lieu d'être plus satisfait que je le fus, dès cette première fois, de l'affabilité & de la bonté de ce généreux maître. On me dira, peut-être, que la Comtesse en eut toute la gloire. Je pourrois le croire, si son règne qui finit bientôt, & qui ne changea rien à ses nobles qualités, ne démontroit qu'elles tenoient du naturel. En effet, tout vicieux qu'il étoit à certains égards, il étoit à d'autres, comme je l'ai déjà insinué, des plus grands, des plus nobles & des plus généreux. Plusieurs aujourd'hui brillent encore de ses bienfaits. Si je ne suis pas de ce nombre,
c'est

c'est que je n'ai su en profiter à temps, ou plutôt que la Providence se réservoit à faire de moi un modèle de pénitence & de châtimens.

Malgré cet abord riant, je n'oubliai pas mon cher Chevalier. Aussi-tôt que je pus, j'allai le voir en habit de cérémonie, & prendre en même-temps congé de la Guérinière, de son manége & de toutes les connoissances que j'y avois. Le Chevalier voyant que c'étoit tout de bon, sembloit perdre courage, & n'avoir rien à espérer après cet adieu. Tu m'abandonnes, me dit-il, mon cher ami. Si j'avois cru que ce dût être si-tôt, je me serois bien donné de garde de me préparer tant d'ennui & de regrets. Il est sûr que s'il n'eût dépendu que de lui, au lieu d'avoir lui-même des Pages, comme sa naissance le demandoit, il eût postulé pour l'être avec moi. Tel est quelquefois le caprice du sort, de ne relever ses avantages que pour nous priver des moindres douceurs, ou mieux accomplir notre malheur.

D'où te viennent ces tristes idées, répondis-je au Chevalier ? Pourquoi du moins ne me les avoir pas communiquées, quand je te fis part de ce qui cause aujourd'hui ta peine ? Tu sais que je n'eusse jamais passé outre ; mais si tu le veux encore, parle & je romps. Non, interrompit-il. Je n'aurois jamais cru à la vérité qu'entre dire & faire il y eut une si grande différence. Jusqu'ici du moins je ne l'avois pas encore si bien senti. Mais le sort en est jeté. Tout ce que je te demande, c'est de continuer à m'aimer, & de me le prouver en nous voyant le plus souvent que faire se pourra. Ce marché, qui n'étoit qu'un renouvellement, fut derechef conclu, & scellé de mille protestations, qui ne se démentirent presque jamais.

On se plaint ordinairement que les vrais amis sont rares. Je le crois, & j'en ai souvent fait l'expérience. Mais si on réfléchit combien les fondemens de la plupart des liaisons sont peu solides, & par combien d'endroits ils sont outre cela ébranlés, on ne s'étonnera pas que le nombre en soit en effet si petit. On pourroit réduire ces fondemens à deux principaux ; l'intérêt, qui est le grand ressort qui remue les cœurs, & l'agrément qui les chatouille. A l'égard du premier, l'expérience ne prouve que trop combien il est fragile. Pour le second, il le seroit peut-être moins, si l'on étoit toujours dans une égale assiette, & en état de contribuer au plaisir ou d'en recevoir. Mais comme cela ne se trouve guères, & que ce fondement, au contraire, chancelle deçà & delà, il arrive qu'il n'est pas moins sujet à crouler que le premier.

Pour peu qu'on mette ensuite ces fondemens en opposition avec ce qui peut les attaquer, l'intérêt, par exemple, qui détruit souvent d'une main ce qu'il édifie de l'autre, la perfidie, la jalousie, le caprice, une foule de tracasseries, & le reste, on ne s'étonnera pas seulement que les vrais amis soient rares, mais qu'il puisse s'en trouver deux, comme on verra peut-être, le Chevalier & moi. Il est vrai que le démon de l'intérêt ne nous domina jamais ni l'un ni l'autre, & que l'agrément même n'étoit entre nous deux qu'un accessoire. Quelle que fût notre assiette, gaie ou inquiète, nous nous tolérions. Du reste, jamais de tergiversation. S'il arrivoit que l'un crût avoir lieu de se plaindre de l'autre, il le faifoit, m' avec cordialité, & fur-tout fans qu' échappât rien qui fentit la réprimande ou une certaine fupériorité. Enfin, toujours tendres, fidèles & francs, nous n'eûmes jamais qu'une difpute pour nous être un peu relâchés. Nous le reconnûmes, après néanmoins nous être mefurés; mais cet écart ne fervit qu'à nous aimer davantage, &, comme je l'ai déjà dit, pour jamais.

Le Chevalier qui ne pouvoit fe réfoudre à me quitter, & qui connoiffoit d'ailleurs un Page nommé de Gréves, voulut m'accompagner au Palais Royal, pour le voir & me lier d'abord avec lui. Mon oncle, que je n'avois pas d'abord trouvé à fon logis, s'y étoit rendu, & nous le faluâmes. Après s'être réjoui avec moi du premier accueil que m'avoit fait M. le Duc d'Orléans, lorfque fon Ecuyer m'avoit préfenté en habit de Page, il nous laiffa pour aller dîner avec M. le Comte de J.... & lui en faire part. Ce Seigneur n'étoit pas bien à la Cour de mon Maître. Malgré cela je ne laiffai pas dans la fuite que de le fervir, en repréfailles de l'intérêt qu'il avoit pris à moi, & des politesses que j'avois reçues de lui. Le Chevalier ayant trouvé de Gréves, nous fûmes de notre côté faire une partie de cabaret. Je me liai donc avec ce nouveau camarade. Cela ne me fut pas inutile, parce qu'il me mit d'abord au fait de bien des choses, que je n'aurois pu apprendre qu'avec le temps.

Nous passâmes tout l'après-midi à ne parler que de Pages, & de leur routine. De Gréves, déjà ancien, ne pouvoit que bien m'instruire. C'étoit celui de tous que j'eusse préféré, si je me fusse trouvé dans l'embarras du choix, pour consulter quelques camarades sur mon devoir. Ses instructions furent interrompues par un autre Page, à qui il avoit donné le mot, & qui vint nous avertir que le Prince alloit coucher à Saint-Cloud. Nous vuidâmes néanmoins encore maintes bouteilles, en attendant l'heure. Enfin elle arriva, & nous primes congé du Chevalier, en lui faisant promettre de venir nous voir le lendemain.

Nous avions calculé le temps si juste, que le Prince étoit déjà en carrosse, &

que nous eûmes à peine celui de nous botter & de courir avec lui. Arrivé à St. Cloud, de Grêves recommença ses instructions. Je n'eus besoin d'en recevoir ni du Gouverneur, ni de personne; & dès que mon tour vint pour servir mon Prince, je m'en acquittai si bien, que je m'attirai ses propres éloges. Madame la Comtesse de C.... que quelques raisons avoient obligée à ne lui pas tenir compagnie, n'arriva que fort avant dans la nuit. Elle avoit trop affaire pour songer d'abord à moi; mais le lendemain elle s'en souvint, & m'empêcha même de jouir du Chevalier comme j'aurois voulu.

A peine fut-il arrivé, que sans avoir presque le temps de l'embrasser, on m'avertit de la part du Prince d'aller lui parler. J'obéis, sans difficulté. Je gagnai son appartement, & en l'abordant il me dit d'un air riant, *que ce n'étoit pas lui qui avoit besoin de moi, mais Madame la Comtesse.* Je n'étois plus si timide que je l'avois été la première fois. Monseigneur, répondis-je, je suis ici pour obéir, soit à Votre Altesse, soit à Madame la Comtesse. Je n'attends que l'ordre, & suis prêt à tout.

Parbleu! dit le Prince alors en éclatant, *on ne peut rien de plus. Parle*, ajouta-t'il à la Comtesse, *& vois ce que tu veux.* Oh! pour le présent, répondit-elle, je ne veux rien que sa bonne volonté; & j'en profite, Monseigneur, pour vous prier que si vous avez jamais quelqu'un à m'envoyer, vous le préfériez à tout autre. *Diable!* reprit ce bon Prince, *je ne sais trop si je dois m'y fier.* Oui, oui, Monseigneur, vous pouvez vous y fier; c'est moi, au contraire, qui n'oserois, crainte qu'il ne me trahit. Cela ne fut pourtant jamais vrai; & si elle avoit quelque risque à courir, c'étoit bien plutôt de l'inconstance de mon Maître, pour qui la nouveauté fut toujours un des plus grands attraits. Pour qu'une femme l'eût fixé, il eût fallu qu'elle eût été un Prothée, & Madame de P.... qui est celle qu'il aima le plus, ne le garantit pas de mille infidélités.

Ayant passé très-long-temps à répondre à plusieurs questions, soit du Prince, soit de Madame la Comtesse, on me donna campo, & je me retirai. Le Chevalier & de Grèves languissoient après moi. Que diable avez-vous fait si long-temps, me demanda celui-ci ? Je ne sais, lui dis-je : on m'a parlé, j'ai répondu, & il y a plus de deux heures que j'aurois voulu avoir du pied au cul & me voir avec vous. Mais encore, reprit de Gréves ? Ma foi, interrompis-je, j'ai déjà perdu toutes les questions qu'on m'a faites ; & tout ce que je puis vous dire, c'est qu'on s'est diverti, je crois, de mon air novice. Je ne l'étois néanmoins pas assez, pour ignorer que le mystère où je prévoyois que j'entrerois bientôt, demandoit au moins quelque secret. Mais, sans le savoir, ou si j'eusse été d'un autre caractère, j'en aurois eu besoin sur-tout à l'égard de Gréves, qui étoit l'agent des amours du Prince, qui avoit par-là sa confidence, & qui n'étoit si curieux, que parce qu'il craignoit tout à la fois de perdre l'un & l'autre. Son pressentiment ne se vérifia que trop. Je fus même tout prêt, voyant le tort que je lui faisois, de quitter la partie ; mais Madame la Comtesse accommoda l'affaire. De Gréves étoit depuis long-temps Page ; le Prince en avoit toujours été content. Elle obtint pour lui une récompense, &

il me laissa le champ libre.

Ne sachant encore ni ce qui en étoit, ni ce qui en devoit être, nous fumes paisiblement nous divertir tous trois au même cabaret où nous avions fait, le Chevalier & moi, notre partie de Comédiennes. Nous la rappellâmes, & la vantâmes beaucoup à de Gréves, qui n'avoit pas été de la fête. Sur-tout nous rîmes à gorge déployée de la colique qui nous avoit tenu tous. Il n'y a pas de doute qu'elle ne nous eût pris encore si les Comédiennes y eussent été ; mais nous nous en dédommageâmes à force de boire & de chanter. Au lieu de colique, nous n'eûmes qu'un mal de tête, qui se passa par bonheur, sans avoir besoin de neuvaine.

Le Prince étant venu pour quelques jours à St. Cloud, notre ami le Chevalier s'en retourna à son gîte, mais pour prendre mieux ses mesures, & venir passer le reste du temps avec nous. De retour au Château, on dit à de Gréves que le Prince l'avoit fait chercher. Il courut recevoir ses ordres. C'étoit pour une commission qu'il devoit faire le lendemain à Paris. A peine fut-il parti, qu'on m'en donna une autre. Elle regardoit Madame la Comtesse, & ne pouvoit manquer d'être bien faite, car de Gréves l'avoit reçue ainsi que moi. Comme j'étois parti presqu'en même-temps que lui, que je n'avois qu'une commission, & qu'il en avoit plusieurs, je fus de retour beaucoup avant lui, & sans que nous nous fussions rencontrés.

Le Chevalier, que nous attendions & que je surpris mettant pied à terre au lieu où nous nous étions diverti la veille, s'étonna lui-même de me voir à cheval & arrivant au galop. Quoi, me dit-il, déjà aux champs? Ma foi, aux ailes près, je te prendrois quasi pour le Dieu Mercure. Pas encore, lui répondis-je; mais avec le temps cela pourra venir. Je suis à toi dans l'instant, au revoir. Je piquai, & allai rendre réponse de ma commission. Madame la Comtesse en parut si contente, qu'elle promit d'en faire ma cour au Prince. Dans le fond le sujet n'en valoit guère la peine, & encore moins de nous faire courir à deux, puisqu'il ne s'agissoit que d'avertir le correspondant du Gazetier de Hollande, de ne pas donner avis qu'elle fût venue se délasser de Paris à St. Cloud

Elle craignoit sans doute quelque conjecture fâcheuse. Je n'en vis pas moins dans les Gazettes que je lus exprès, qu'elle avoit non-seulement suivi le Prince, mais que S. A. avoit eu quelques accès de fièvre.

De Gréves étant arrivé demi-heure après, je l'attendis pour aller ensemble joindre le Chevalier. Il ne savoit pas que j'eusse été en commission. Chemin faisant il se plaignit à moi de la fatigue des siennes, & pesta entr'autres contre celle que j'avois eu comme lui & qu'il avoit trouvée faite. C'étoit bien la peine, me dit-il en maugréant, de me faire courir là pour une pareille fadaise; encore est-ce un bonheur pour moi d'y avoir été, un autre auroit pris les devans & m'auroit peut-être trahi. C'est pourtant un Page, continua-t'il, & sans doute un tel, que nous avons laissé à Paris. Non, répondis-je alors, c'est moi-même; je ne fais point difficulté de vous le dire, parce que je n'enrage pas moins que vous d'avoir galoppé pour un pareil sujet. Ce seroit bien le diable, reprit-il. A quelle heure êtes-vous donc parti? Un moment après vous, repliquai-je, & nous arrivons presque ensemble.

De Gréves, qui avoit déjà pris la mouche de ce que j'avois demeuré si longtemps la veille dans l'appartement du Prince, l'auroit sans doute pris davantage, si je n'avois ajouté que c'étoit apparemment une suite du divertissement qu'on s'étoit donné avec moi la veille. Comme je pensois en effet à ce dernier égard, je tempêtai de si bonne grace, que de Gréves se le persuada. Nous nous trompions néanmoins tous deux. C'étoit une espèce d'essai que Madame la Comtesse avoit voulu faire, pour l'usage qu'elle m'avoit promis ; c'est-à-dire, pour en faire ma cour au Prince sur-tout. La suite le vérifia bientôt. Cependant nous ne nous divertîmes pas moins avec le Chevalier, que si nous eussions eu tout lieu d'être contens. Nous lui fîmes part de nos griefs. Il en rit, s'en moqua, & nous en fîmes autant.

Le Prince ayant passé à St. Cloud le temps fixé, il reprit le chemin de Paris, & nous avec lui. Nul ne fit d'abord plus de commissions chez la Comtesse que moi. Elle ne s'en tint pas là ; mais elle m'établit si bien dans l'esprit de mon Maître, que je devins son agent presque universel.

De Gréves ne doutant plus de sa disgrace, me fit connoître à sa mine seule que j'occupois sa place. Comme je ne l'avois ni briguée ni souhaitée, sur-tout à son préjudice, je résolus de le prévenir. Ecoute, lui dis-je un jour, je ne puis souffrir que tu me regardes plus long-temps de si mauvais œil. As-tu quelque chose contre moi, parle, & je suis prêt à te satisfaire ? Surpris, il ne savoit quasi me répondre. Ne sois point embarrassé, continuai-je ; pour moi, je ne le suis que de ta moue, & il n'y a rien que je ne fasse pour ne la plus voir. Moue, s'écria-t'il après moi ; crois-tu que je n'aie pas bien lieu de te la faire ? Non, interrompis-je, & je crois, au contraire, qu'il vaut mieux que tu t'expliques. Hé bien donc, reprit-il, sache, si tu ne le sais déjà, que j'étois ci-devant auprès du Prince ce que tu es aujourd'hui. Prends maintenant ma place à tous égards, & juge si au milieu de ta faveur tu serois bien aise qu'on vînt te damer le pion, & t'envoyer pour ainsi dire paître.

N'est-ce que cela, m'écriai-je ; je m'en doutois déjà. Quelqu'autre, sans s'embarrasser du reste, t'allégueroit peut-être que chacun est ici pour soi, & que la faveur est une attrape qui peut. Pour moi je pense autrement, & pourvu que tu ne croies pas que j'aie fait le moindre pas pour te supplanter, ni même que je me sois plu à le faire, compte que nous serons bientôt aussi bons amis que jamais. Il m'assura que non, & que s'il n'avoit cru le contraire, il n'auroit pas été si retenu, m'auroit depuis long-temps proposé de vuider l'affaire. Là-dessus je l'assurai que je cesserois plutôt d'être Page, que de continuer à jouir de sa faveur, & que j'employerois même le peu que j'en avois pour le faire rentrer dans toute la sienne.

Piqué de ma générosité, il ne voulut pas paroître en avoir moins. Je ne permettrai jamais, me dit-il, que tu te sacrifies pour moi. Ayant à être supplanté, je me réjouis de l'être par un aussi brave garçon que toi. Du reste, je prends mon parti, & j'attendrai que le Prince se souvienne de moi, pour la récompense qu'il m'a toujours promise & que j'espère de lui. Récompense! interrompis-je: moi-même je me flatte de te faire tenir parole ; & si le Prince étoit assez injuste pour y manquer, je le croirois indigne d'être servi par des gens comme nous. De Gréves étoit en effet un brave Gentilhomme, & je l'étois trop de mon côté pour jouir de son poste, s'il n'en avoit un qui le dédommageât.

Incertain de ce qui pourroit encore arriver, je fus trouver Madame la Comtesse. Je lui communiquai l'entretien que j'avois eu avec de Gréves, & lui protestai que je remercierois plutôt, que de continuer à lui faire tort ou à lui être un obstacle. Madame la Comtesse avoit elle-même l'ame trop grande pour ne pas m'approuver, & se porter comme nous à la générosité. Dès sa première entrevue avec M. le Duc d'Orléans, elle obtint pour de Gréves une promesse positive d'une Compagnie de Dragons, & deux jours après il en eut le brevet.

Sa joie, la mienne, & celle du Chevalier qui avoit appris notre démêlé, fut si complette, que nous la célébrâmes huit jours entiers le verre à la main. Nous invitâmes aussi nos Maîtresses à venir la partager ; c'eſt-à-dire, de Gréves, une vieille inclination qu'il avoit ; le Chevalier, ſa belle Joueuſe du Pharaon ; & moi, Pouſſette, cette charmante Comédienne que j'avois promis de revoir, & qui gronda même de ce que le délai avoit été ſi long. On peut juger à quels tranſports nous nous livrâmes. Bacchus, l'Amour, Cartes ou Dez, car il en falloit à la Maîtreſſe du Chevalier, ſe relevoient tour-à-tour. Par caprice quelquefois, l'un ſe paſſionnoit en particulier aux genoux de ſa Maîtreſſe, l'autre ſe déſaltéroit, & le troiſième remuoit le Cornet.

On ſe laſſe de tout. De Gréves voulant d'ailleurs joindre ſon Régiment, & prendre poſſeſſion de ſa Compagnie avant l'ouverture de la campagne, nous terminâmes la joie commune par le Bal de l'Opéra. Ce plaiſir ne m'étoit pas nouveau ; je me l'étois donné quelquefois, & j'y avois pris goût. Nous fûmes donc achever de nous y mettre ſur les dents. Le matin, quoique nous n'euſſions beſoin que de repos, nous le renvoyâmes encore. De Gréves & moi, ayant trouvé au Bal quelques-uns de nos camarades, nous les emmenâmes déjeûner. Une nuit de plaisir pour des Pages n'est rien. Ceux-ci, qui étoient frais, nous firent passer presque tout le jour à rire, chanter & boire. Enfin, épuisés de toute façon, nous prîmes congé de nos camarades ; nous remenâmes nos Maîtresses chez elles, & fûmes nous reposer tranquillement chez le Chevalier.

Comme j'étois dans le voisinage de mon oncle, je fus le lendemain lui donner le bon jour, & lui demander à dîner pour nous. Il me trouva si abattu & si défait, qu'il me jura qu'il avoit peine à me reconnoître. Il me fit même une vive mercuriale. Fi, me dit-il, est-ce-là se divertir ? C'est plutôt s'assommer. Je ne suis pas, continua-t'il, ennemi des plaisirs ; mais peut-il y en avoir quand on les pousse avec excès, & qu'on risque sa santé & peut-être sa vie ? Mon cher oncle avoit bien raison. Les jeunes gens, que les passions aveuglent, ne ménagent souvent ni corps ni ame. Ils risquent effrontément l'un & l'autre ; plusieurs même s'en font gloire. Mais qu'il est à craindre pour eux d'être un jour cruellement ramenés de cet abus ! Les infirmités, la maladie, suites inévitables de leurs excès, les attaquent. Le corps souffre, l'ame gémit, & le masque tombant, il ne reste que la honte, les regrets, & quelquefois le désespoir.

Quoique je n'eusse pas fait alors toutes ces réflexions, je ne laissai pas que de sentir mon tort, & de le reconnoître avec mon oncle. Je ne doute pas que je ne lui eusse déguisé la cause de mon air abattu, s'il ne m'avoit appris qu'il avoit été me chercher plusieurs fois au Palais Royal ; & qu'on lui avoit dit que j'étois à me divertir avec de Gréves. Il ignoroit encore la récompense de celui-ci, & son départ. Je le réjouis de cette nouvelle. Elle le calma, & il envoya ordonner à dîner pour nous quatre. Je retournai à mes amis, je les amenai ; mais ce fût la comédie avec le Chevalier, lorsque mon oncle, qui ne savoit pas qu'il eût été des nôtres, s'en apperçut à son air, presqu'aussi délabré que le mien. Quoi, vous aussi, Monsieur, lui dit-il ? Moi, répondit le Chevalier ; je ne sais, Monsieur, ce que vous entendez par-là. J'entends, reprit mon oncle, que vous serez bienheureux tous tant que vous êtes, si vous ne crevez pas de la débauche que je vous soupçonne d'avoir faite.

Débauche, interrompit le Chevalier; assurément, Monsieur, vous vous trompez, du moins à mon égard. Il est vrai, ajouta-t'il, que ces Messieurs m'ont entraîné au Bal, & que n'ayant pas coutume de passer les nuits, je vous parois peut-être un peu fatigué. Du reste, je ne voudrois pas avoir à me reprocher ce qu'ils peuvent avoir mérité. Un éclat de rire qui nous prit à de Gréves & à moi, auroit démonté tout autre. Pour lui, il se tourna vers nous, & nous défiant d'un sérieux à glacer : Parlez, dit il, si vous osez, est ce que j'ai fait le libertin comme vous ? Oh que nenni, répondit de Gréves, vous êtes un Saint ; & si nous disions le contraire, je gage que Monsieur ne nous croiroit jamais.

En effet, si mon oncle n'avala pas la pillule, du moins il le parut. Il se servit de l'exemple du Chevalier, pour renouveller la morale qu'il m'avoit déjà prêchée, & pour conclure que des plaisirs capables de donner l'air que nous avions, nous ouvroient d'emblée les petites-maifons. En attendant, il offrit à chacun de mes amis une place auprès du feu, & nous en approchant, la converfation changea. De Gréves en fut prefque l'unique objet. Mon oncle le félicita d'être Capitaine comme lui ; mais comme plus ancien, il lui donna tous les avis que l'expérience autorife toujours dans un vieil Officier. Pendant ce temps-là le dîner qui s'apprêtoit fut fervi. Nous nous oubliâmes affez long-temps à table. Mon oncle eut la complaifance de nous tenir compagnie jufqu'à la brune ; mais après il fut en chercher une plus fortable pour lui, & nous laiffa nous trois.

Ne fachant que faire, de Gréves propofa de retourner au Palais Royal, de s'y repofer encore jufqu'au lendemain, de fe préparer enfuite & de partir. Nous fîmes ce qu'il voulut. J'appris en arrivant que le Prince m'avoit fait demander le même matin. Il s'étoit fouvenu apparemment que le congé de huit jours qu'il m'avoit donné étoit expiré, & que je devois être rendu. Pour me donner un air d'exactitude, je courus recevoir fes ordres. Ils fe bornèrent à m'envoyer chez la Comteffe, qu'il n'avoit presque pas vue, disoit-il, faute de moi, & pour lui dire de venir souper avec lui. Je fis ma commission sur le champ. Madame la Comtesse me suivit de près, malgré une nombreuse compagnie, qu'elle congédia sans doute. Je les servis tête-à-tête à souper. Je demeurai seul avec eux un moment au dessert. Je ne sais si l'on ne s'étoit pas encore apperçu de mon air harassé; mais il n'en fut mention qu'alors, & il fallut satisfaire à mille jolies questions.

Le Prince me demanda si de Gréves étoit parti; je répondis que non; que ce ne seroit que le lendemain, & que si j'osois je supplierois encore pour qu'il me fût permis de le conduire. Oh! pour cela non, répondit Madame la Comtesse. L'air fatigué que je vous vois, me fait craindre que nous ne vous reverrions plus. Cependant ma demande me fut accordée. Sur le champ je me retirai, pour venir en faire part à mes amis, & me reposer, afin d'être en état de célébrer les derniers adieux. Plusieurs Pages se joignant à nous, nous fîmes le lendemain cortége à de Gréves. Nous l'accompagnâmes en fiacre jusqu'au Bourget, où il prit la poste pour se rendre à Mézières, lieu de sa garnison. Avant que de nous quitter, nous dînâmes encore ensemble ; & s'il y eut des larmes répandues, je crois qu'elles ne pouvoient guères être que de vin.

De retour au Palais Royal, & libre dans mes fonctions, je nageois comme en pleine eau. Je goûtois dans ma faveur tout ce qu'un jeune homme peut trouver de plus flatteur ; mais bientôt elle fut troublée par la disgrace de ma bienfaictrice, que je supportai peut-être moins patiemment qu'elle. Pendant son bail, mon illustre Maître ne laissoit pas que de voltiger çà & là. A la fin Madame la Comtesse perdit le droit de le fixer, c'est-à-dire, autant qu'il pouvoit l'être. La Desmares, fameuse Comédienne, prit sa place. Ce n'étoit pourtant qu'un amour renouvellé des Grecs. Il y avoit maintes années que le Prince s'en étoit lassé ; mais faute d'autre, il étoit déjà retourné-là plus d'une fois, & c'est ce qu'il fit encore. Ce retour, dont je m'apperçus bientôt, me navra jusqu'à l'ame. Je le trouvois si indigne, que j'en eusse volontiers fait la leçon à mon Jupin ; mais je craignois que cela n'aboutit qu'à m'attirer auſſi ſa foudre. Malgré bon gré il fallut changer de route.

Pénétré de l'inconſtance qui m'y obligeoit, je ne pus m'empêcher d'aller marquer ma douleur à celle que je croyois devoir être encore plus affligée que moi. Point du tout. Loin d'être triſte, comme une poule qui auroit perdu ſon coq, je la trouvai auſſi gaie que ſi elle en eût déjà recouvré quatre. Avancez, avancez, me cria-t'elle de ſi loin qu'elle m'apperçut. Pourquoi donc ne vous vois-je plus ? Ah ! Madame, m'écriai-je. Je ſais, interrompit-elle, ce que vous voulez me dire ; mais à bon chat, bon rat. Ah ! Madame, repris-je encore. Quel goût, quel caprice ! Le Ciel éclaira-t'il jamais rien de pareil ? Bon, bon, ajouta-t'elle, je ſuis ſûre qu'en pareil cas un jeune Plumet comme vous cauſeroit beaucoup plus de regrets que je n'en ſens & que je n'en ſentirai jamais. Cela eſt bien flatteur, Madame ; que n'eſt-il auſſi vrai ! mais il y a tant de choſes qui me diſent le contraire, que je n'en ſens pas moins la douleur qui m'amène. En effet, ce compliment ne ſervoit qu'à me rendre plus équivoque ce que j'en devois penser ; & je ne l'en eusse jamais crue, si elle n'en fût venue à d'autres preuves qui ne souffroient point de difficulté. Plus constant dans ma reconnoissance que mon Maître dans ses feux, je ne lui en donnai pas seulement alors de vives marques, mais encore plusieurs fois depuis.

Ce changement du Prince, comme je l'ai déjà remarqué, n'en apporta aucun dans la faveur où j'étois auprès de lui. Bien loin d'y donner la moindre atteinte, il l'augmenta jusqu'au point de me rendre le compagnon de ses plaisirs, plutôt que le messager. C'est sans doute à mon caractère facile & prompt à goûter tout ce qui pouvoit flatter les sens, que j'eus en partie cette fatale obligation. Le Prince n'eut peut-être jamais trouvé, malgré ma jeunesse, un Page qui se moulât aussi-tôt & si parfaitement à son goût & à ses manières. Triste éloge ; malheureuse vanité ! De tant de beaux talens, il ne me reste aujourd'hui que le regret de les avoir eus.

Le Ciel, à qui seul appartient de tirer du mal un bien, s'y est plû à mon égard.
Mes

Mes talens ne servirent qu'à ma ruine. Le Prince me chérissoit trop pour m'éloigner par quelque récompense solide, & moi trop enivré, je ne laissai pas seulement échapper les occasions, mais je dissipai encore follement ses libéralités. Sa mort ne fut pour moi qu'un premier abyme. Mille autres s'ouvrirent ensuite sous mes pas. Tombant enfin dans le plus horrible de tous, j'y trouvai & trouve encore la juste expiation de mes égaremens.

L'abbé du Bois (j'ai tremblé jusqu'ici à le nommer) ne servit pas peu à me dresser. Il devint mon Pédagogue, à peu près comme il avoit été celui du Prince. Si ses maximes, fort différentes de celles que j'avois reçues jusques-là, trouvoient quelquefois de l'opposition en moi, il savoit me les faire goûter de façon à me faire rougir d'un reste de retenue qui pouvoit encore faire ma gloire. La Religion, la morale dans les mains de cet Ecclésiastique, étoient pires qu'un couteau dans celles d'un furieux. Son caractère ne servant qu'à relever l'horreur de ses préceptes, j'en fus plus d'une fois saisi en les écoutant. Le Prince m'eût dit les mêmes choses, que je n'en eusse pas été à beaucoup près si frappé. La raison de cela est je crois que le vice, toujours laid, l'est infiniment davantage dans un homme vêtu en défenseur de la vertu. A la fin j'eus le malheur de m'y accoutumer tellement, que l'habit même de l'Abbé, servoit à m'en imposer.

Depuis long-temps il avoit l'intendance des plaisirs ou des voluptés du Prince. Moi, je n'en fus d'abord que le courier ; mais, graces à mon goût, j'en devins bientôt comme lui le précurseur, & quelquefois mon avis prévaloit même sur le sien. Il fut pourtant toujours beaucoup meilleur limier que moi, ou plutôt je ne le fus jamais ; mais lorsqu'il avoit découvert le gibier, j'allois souvent le reconnoître ; & si mon rapport s'accordoit avec le sien, on lui lâchoit le trait, & il alloit l'arrêter. Combien de jeunes filles, qui peut-être seroient toujours demeurées vertueuses, tombèrent dans le vice, attirées & séduites par cet intrigant Ecclésiastique.

Le Prince trop constant dans son inconstance, ne se lassoit jamais de nouveauté. Quelquefois l'Abbé ne pouvant suffire à lui en trouver, nous allions tous trois en chercher dans les lieux publics, bravant les inconvéniens. Il est vrai que le Lieutenant de Police, toujours averti par l'Abbé, avoit soin de pourvoir à notre sûreté. Une escouade d'Archers, sans que le Prince en sût rien, environnoit ordinairement le lieu où nous étions; pour du reste, nous allions à la garde de Dieu. Ce manége avoit commencé long-temps avant mon bail. Jamais le Prince n'y avoit eu aucune mauvaise aventure: mais cette précaution dont j'ai parlé nous ayant une fois manqué, il nous en arriva une qui pensa nous coûter cher, & où le Prince & mon collégue me dûrent en quelque sorte la vie.

Un soir ayant revêtu nos habits couleur de muraille, & étant sortis sans bruit par la fausse-porte ordinaire, nous nous rendîmes à la porte St. Roch, chez une digne connoissance de l'Abbé. C'étoit sur-tout dans ces sortes de parties où le Prince prenoit le plus de plaisir, parce qu'il y trouvoit plus de diversité. Comme l'envie lui étoit survenue tout-à-coup, le Lieutenant de Police n'avoit malheureusement pu être averti. Nous n'en fûmes pas moins notre train. Arrivés, nous entrâmes. Tout étoit tranquille dans ce lieu. On paroissoit n'attendre que notre pratique ; & nous y fûmes reçus avec joie. Après la visite de toute la marchandise qui étoit-là, le Prince, qui n'étoit par encore content de cette variété, envoya par la ville. La Maquignonne elle-même sortit. Une demi-heure après elle revint avec un renfort de quatre, & on s'en tint là.

Comme elle avoit apparemment dépeuplé le quartier, trois Officiers cherchant à prévenir les besoins de la campagne, & ne trouvant rien à leur gré nulle part, vinrent à la piste où nous étions. Ils frappent ; on ne répond point. Ils redoublent ; mot encore. A la fin ils jurent, tempêtent & enfoncent la porte. Il n'y avoit-là ni qualité ni rang qui tint. D'ailleurs il n'en étoit pas question, & le Prince en avoit laissé toutes les marques à son Palais. Il n'y a point de doute que nous n'eussions tous ensemble partagé tranquillement le plaisir, si on ne s'étoit avisé de vouloir le garder pour nous seuls. Mais ces Officiers, qui n'entendoient pas raillerie, piqués non-seulement de ce qu'on n'avoit pas voulu leur ouvrir, mais de ce que nous avions dix fois plus de butin qu'il ne nous en falloit, tombèrent sur nous l'épée à la main, & vouloient commencer par nous enfiler.

L'Abbesse de ce saint lieu, & toutes ses Nones, poussèrent des cris horribles. Notre Abbé, aussi poltron qu'elles, en fit de même ; mais le Prince & moi, sautant à nos épées, nous nous mîmes en état de défense. Le danger où je le croyois, & sur-tout son exemple, m'animèrent tellement, que du premier coup d'épée que je portai de ma vie, j'en jettai un sur le carreau. Ce n'est pas que je fusse alors grand Grec, les armes à la main, ni que je l'aie même jamais été ; mais, comme dit Rodrigue dans le Cid de Corneille, on a toujours *assez de force*, quand on a *assez de cœur*. Les deux braves qui restoient admirant mon courage, ou peut-être craignant pour eux le même sort que leur camarade, rengaignèrent & me tendirent la main en signe de paix. Non parbleu, Messieurs, leur dis je, la partie est à préſent égale ; il faut ou décamper & enlever même votre compagnon, ou voir ce qui en ſera. Le Prince eut beſoin de m'arrêter. Comme je le devançois de deux pas pour le mettre à couvert, & que j'étois ſeul pour ainſi dire à faire face, il me prit le bras, & me dit : *Non, il faut toujours faire quartier à l'ennemi, quand il le demande.* C'étoit mon Maître, j'obéis.

La paix étant faite, nous en profitâmes pour nous en retirer. Ce ne fut cependant qu'après avoir attendu le Chirurgien. Je ſuis ſûr que s'il n'en fût point venu, le Prince, de retour, auroit eu la généroſité d'envoyer le ſien ; mais bientôt il en arriva un. La plaie du bleſſé fut ſondée. Quoiqu'à deux doigts du têton, elle fut jugée n'être pas mortelle. Là deſſus le Prince ſortit, & nous le ſuivîmes.

L'Abbé revenu de ſa frayeur, & plus content que le Prince, lui dit preſque en ſortant : Que dites-vous de ce brave, Monſeigneur ? Ne mérite-t'il pas bien que nous lui faſſions avoir un Régiment ? *Sans doute, répondit le Prince ; mais poltron comme tu es, je ſuis ſurpris que tu ne par-*

les pas plutôt de le garder. Fort bien, reprit-il, gardons le, & faisons-en un jour un Capitaine des Gardes. *Passe pour cela*, repliqua le Prince. Mais si les bravoures les mieux placées sont quelquefois mal récompensées, il n'est pas étonnant que celle-ci ait été oubliée.

Cependant elle ne le fut pas tout-à-fait. Etant rendu, & ayant vu mettre le Prince au lit, je fus chercher le mien. Le lendemain que j'y étois encore, mon oncle & le Chevalier que je n'avois vu depuis quelque temps, vinrent m'y surprendre. Je me levai, & comme j'étois à ma toilette, on vint me demander de la part du Prince. Ne sachant ce que ce pouvoit être, je laissai ma compagnie, & me dépêchai d'aller. En entrant, j'apperçus deux Messieurs qui me saluèrent, & que je crus reconnoître pour mes Officiers de la veille. C'étoit eux en effet, qui ayant apparemment été instruits après notre sortie de celui à qui ils avoient eu affaire, étoient-là pour demander excuse, ou grace. Le Prince me l'apprit lui-même. *Voilà*, me dit-il, *tes amis d'hier ; qu'en veux-tu faire ?* Moi, Monseigneur ; rien de plus que ce qu'ils savent eux-mêmes ; c'est-à-dire, leur montrer, s'il le faut, l'intérêt que je prends à mon Prince, & que je sais imiter sa bravoure. *Qu'en pensez-vous, Messieurs,* reprit-il en s'adressant à eux ? *N'est-ce pas-là un garçon aussi généreux que brave ?* Assurément, Monseigneur, répondirent-ils. *Hé bien,* ajouta-t'il, *puisqu'il ne vous veut point de mal, je ne vous en veux point non plus. Pour de son secret, j'en suis sûr, & du vôtre aussi ; car je ne crois pas que l'affaire vous fasse assez d'honneur pour que vous en ouvriez la bouche. Allez donc ; mais attendez un moment.* Il tira en même-temps une bourse de deux cens louis, qu'il m'avoit déjà préparée. *Tenez,* poursuivit-il, *soyez témoins de la récompense que je lui donne, & tâchez cette campagne d'en mériter autant contre l'ennemi.* Ils se retirèrent confus, & moi je fus joyeusement, avec ma bourse, rejoindre mon oncle & le Chevalier.

Voilà de quoi vous donner bien à dîner, leur dis-je en la jetant sur une table, & faisant là-dessus une pirouette. Ni l'un ni l'autre ne savoient ce que cela vouloit dire ; je le leur appris. Le Chevalier m'embraffa & me félicita. Pour mon oncle, peu s'en fallut qu'il ne me battît. Je ne voudrois pas, me dit-il d'un grand férieux, qu'il vous vînt tous les jours une pareille bourfe au même prix. Et moi bien, répondis je un peu trop machinalement. Cela le fâcha à un point qu'il penfa s'en aller, fans que je puffe l'arrêter. Il demeura pourtant, mais en me faifant convenir que j'avois tort, & que fi M. le Duc d'Orléans avoit befoin de quelques avis, ce feroit de ne pas s'expofer ainfi, ni perfonne avec lui. Je voulus leur tenir parole, & les régaler à dîner. J'envoyai au *Mai* dans la rue de Richelieu. Cependant nous fûmes faire un tour de Jardin, & l'heure étant venue, nous nous rendîmes au banquet, où nous achevâmes de nous racommoder, mon oncle & moi.

Le Prince néanmoins, prenant de lui-même l'avis dont mon oncle prétendoit qu'il eût befoin, rabattit un peu de fon goût pour les lieux publics. La Defmares s'en trouva mieux pendant quelque temps; Pouffette de même : c'eft ainfi que s'appelloit ma Comédienne, qui par un hafard, que je nomme aujourd'hui fatal, fe trouva nièce de celle de mon maître, & par conséquent un peu trop à ma portée. Mes premiers louis m'avoient tellement frayé le chemin de son cœur, que non-seulement il n'en fut plus jamais question, mais qu'elle ne vouloit pas même d'autres présens. Elle congédia aussi pour l'amour de moi son Mousquetaire. Elle le fit en ma présence, & d'une façon aussi comique que franche. Ecoutez, lui dit-elle un jour que nous étions ensemble, tu n'es pas vieux, mon pauvre Briquenai, mais pourtant tu es si usé, qu'un vieillard & toi reviennent bien au même. J'aime les jeunes gens, tu le sais; mais ce n'est pas tout, il me faut aussi quelque chose de plus que l'apparence. Tu conviendras que c'est tout au plus ce qui te reste aujourd'hui. Ainsi contente-toi du passé, & laisse-moi, finit-elle en se tournant de mon côté & m'embrassant, jouir ici de ce que je regrette en toi, & que tu n'as plus.

Briquenai, (c'étoit le nom du Mousquetaire) répondit à peu près sur le même ton ! je suis fâché, ma chère Poussette, de ne pouvoir plus faire ton affaire. On ne sauroit, comme tu le sais, être & avoir été.

C'est ce que je regrette encore plus que toi. Mais que faire ? Je sens trop que tu as raison, & qu'usé comme je suis, il me faut aussi du plus neuf. Enfin quittons-nous, puisque le destin le veut; mais si je ne puis être ton amant, souffre au moins que je demeure ton ami. Oh ! pour cela oui, repliqua-t'elle. Elle lui tendit la main, & le marché fut conclu.

Poussette, jolie, aimable, étoit encore dans le plus bel âge. Loin de me coûter, elle m'eût donné du sien ; mais avec tout cela, elle n'en faisoit pas moins un fort sot marché. Elle ne pouvoit tout au plus compter sur moi, qu'autant que la Des-mares pouvoit compter sur le Prince; c'est-à-dire, quelquefois en passant, & bientôt point du tout. Mais aimer & raisonner, sont deux choses incompatibles. En concluant son marché avec Briquenai, nous scellâmes le nôtre. Il fut témoin des protestations que les jeunes gens ne font que trop facilement en pareil cas, si cela se peut dire ici, où il ne s'agissoit que de se voir, de s'aimer ; à plus forte raison quand il s'agit de ce qu'il y a de plus sérieux, & où l'on ne débite pas seulement des protestations, mais des sermens, comme une monnoie courante. A moins que la mode n'efface le crime, je ne le crois pas moins grand dans le cas d'amour, qu'en d'autres ; & quelquefois bien plus, quand on trompe & séduit par-là de jeunes personnes incapables de l'être autrement. Je sais que cette monnoie est en discrédit ; mais il s'en trouve néanmoins tous les jours qui savent lui donner de la valeur, sans beaucoup s'en enquérir pour la conscience.

Le Prince, après le risque qu'il avoit couru, ne faisoit diversion à la Desmares, que par les nouveautés que l'Abbé pouvoit lui procurer. Comme il n'en étoit pas tout-à-fait alors, comme il fut depuis pendant la Régence, le fruit nouveau étoit moins commun au Palais Royal. C'est ce qui le rendoit plus assidu auprès de sa Comédienne, où il trouvoit tout à la fois les charmes de la Gréce, de Rome, & d'ailleurs, ce qui a même fait croire qu'il l'aimoit alors autant qu'il eut jamais fait. Cependant l'Abbé, qui n'étoit pas moins rebuté que le Prince, des lieux publics, faisoit tout son possible pour le guérir de cette envie. Il trottoit & galoppoit de tous côtés, & moi souvent après lui. Quand il étoit bien sûr que le gibier étoit de mise, je n'avois pas cette peine, & il l'amenoit tout de suite. S'il étoit équivoque, alors il falloit ma voix, & on ne tentoit rien que je n'eusse décidé. Ce qui m'avoit attiré ce pénible emploi, c'est que l'Abbé, qui n'étoit rien moins que délicat, & qui piquoit toutes sortes de haridelles, avoit voulu plusieurs fois faire passer une laidron pour belle, & une Messaline pour une Vestale. Moi qui n'avois le goût ni gâté ni usé, & qui devenois tous les jours plus connoisseur, j'étois pris pour arbitre, & par-là on évitoit au Prince la dépense & le dégoût.

Parmi celles que l'Abbé coucha de ce temps-là en joue, je me souviens d'une Grisette assez jolie pour qu'il l'eût amenée d'emblée, si elle n'avoit résisté à toutes ses épreuves. Malgré cela il en étoit tellement enjoué, qu'il ne cessoit presque d'en parler, & toujours avec une espèce de transport. Le Prince las de l'entendre, me députa pour aller voir ce qui en étoit, & si elle valoit la peine qu'on passât en sa faveur le taux ordinaire. Je me rendis donc aux Charniers des Innocens, où elle tenoit une petite boutique de galanteries. Je la trouvai en effet, non pas belle, mais assez jolie pour que je m'intéressasse à son sort. Mon inspection en avoit déjà sauvé plusieurs, qui avoient même attiré de la dispute entre l'Abbé & moi. La pitié m'eût encore fait sauver celle-ci, si notre débat, plus fort qu'à l'ordinaire, n'eût porté le Prince à vouloir s'éclaircir par ses yeux. Ce fut le malheur de cette pauvre fille. L'aventure est singulière, & montre tout ce que peut l'amour, le caprice, ou plutôt la bizarrerie.

Il suffisoit que le Prince regardât sa résolution comme un jeu, pour ne penser qu'à l'exécuter. L'Abbé ne pouvoit l'accompagner, parce qu'il eût tout gâté. Pour moi, qui ne m'étois montré à la Grisette que pour lui acheter quelques bagatelles, je le conduisis à sa boutique. Il s'étoit mis à la Bourgeoise, & moi en Petit-maître, tel que j'avois paru la première fois. Chemin faisant, le Prince songea que pour bien jouer la Comédie, il falloit nous donner des noms postiches.

Il prit celui de Lucas, avec ordre de ne point m'y tromper; & pour ne pas tomber dans le cas, il ajouta qu'il m'appelleroit le Chevalier. Nous arrivâmes; je parus le premier; & la Grisette ne me remettoit seulement pas.

Monsieur Lucas qui étoit derrière moi, se montra. Voici, Mademoiselle, dis-je à la Grisette, un chaland que je vous amène. C'est un Bourgeois de mes amis, fort galant-homme. Il a besoin de tout ce que vous avez de plus beau, palatines, manchons, rubans, coëffures de gaze, le tout pour faire présent à sa maîtresse. *Non, non, Mademoiselle,* répondit le bourgeois Lucas, *Monsieur le Chevalier est un Petit-Maître qui se moque; je n'ai, graces à Dieu, point de Maîtresse.* Quoi, point de Maîtresse, interrompit gaiement la jeune Marchande! il faut, Monsieur, en faire une, & m'acheter, s'il vous plaît, toute ma boutique. *Passe pour votre boutique,* répondit Monsieur Lucas, *qui me paroît belle & jolie; mais pour de Maîtresse, à moins qu'elle n'ait vos charmes, ne m'en parlez pas.* Voyez-vous, interrompis-je? Vous ai-je menti, Mademoiselle, quand je vous ai dit que Monsieur Lucas étoit galant ? Vraiment non, reprit-elle, & d'ailleurs son air le dit assez. Mais ce n'est pas de quoi il est question ; il s'agit, Messieurs, de ce que vous souhaitez.

Je souhaite, répondit Monsieur Lucas ; *ma foi, Mademoiselle, vous me l'avez fait oublier ; montrez toujours ce que vous avez de plus beau, ainsi que l'a dit Monsieur le Chevalier ; c'est ce que je veux.* Mais encore, reprit-elle en riant, que vous faut-il, à quel usage ; est-ce pour homme, est-ce pour femme ? *Non, non ; ma foi*, repartit sérieusement Monsieur Lucas, *pas pour femme, mais pour homme.* Là-dessus la petite Marchande déploya tout ce qu'elle avoit, tabatières, couteaux, ciseaux, boucles, jarretières, cordons de canne ; & de tout cela, Monsieur Lucas & moi, remplîmes nos poches.

La petite Marchande n'avoit jamais trouvé de pareils chalands. Pour moi, je lui dis que je n'étois pas Monsieur Lucas, que j'avois une Maîtresse, & que je voulois tout au moins lui faire présent d'une palatine, d'une boëte à mouches, &

sur-tout d'une pièce de ruban couleur de feu, pour mettre en désespoir. Tout cela n'étoit que pour allonger le temps, & donner à Monsieur Lucas celui de lorgner tout son saoul, & de faire l'agréable. Personne ne s'y entendoit mieux que lui quand il vouloit s'en donner la peine. La petite Marchande lui plaisoit; & il réussit si bien à plaire lui-même, qu'elle lui demanda, s'il étoit donc marié, puisqu'il n'avoit point de Maîtresse, & dans quel quartier il demeuroit. *Pour marié, répondit Monsieur Lucas, non; mais pour mon quartier, quoiqu'il soit fort éloigné, cela n'empêchera pas que je ne vienne quelquefois vous acheter.* Acheter, répondit-elle ! Oh Monsieur ! sans même qu'il soit question de cela, vous pouvez, comme bien d'autres, venir quand il vous plaira vous reposer dans ma boutique, ou même y entrer, si cela vous fait plaisir. C'est tout ce que Monsieur Lucas demandoit; il n'en falloit pas davantage. Cela dit, nous sortîmes, en promettant d'user de sa courtoisie.

On ne peut s'imaginer à quel point le Prince paroissoit satisfait, après avoir quitté cette Grisette ; il en faisoit presqu'autant d'éloges que l'Abbé. *Où diable avois-tu les yeux*, me dit-il, *pour ne pas voir que cette fille est une des plus jolies de Paris ?* En effet, Monseigneur, répondis-je tout capot, je crois que j'avois la berlue. *N'importe*, ajouta-t'il, *la place ne me paroît pas imprenable, & je veux l'attaquer dans les formes.* Hélas ! amateur de nouveautés, c'en étoit bien une pour lui ; & sans une singularité aussi burlesque, peut-être n'eût-il jamais songé à filer le parfait amour.

Arrivé au Palais-Royal, l'Abbé nous y attendoit. Ce fut alors qu'il triompha de l'éloge que le Prince avoit fait de son goût, en dépit du mien. Mais c'est tout ce qu'il en eut. Il ne pouvoit entrer dans le projet qu'avoit formé le Prince ; il eut tout le temps de barbotter dans les rues, tandis que pendant sept à huit jours j'eus la plus facétieuse comédie. Le Prince, sans rien démordre du plaisir qu'il avoit résolu de se donner, m'ordonna de me tenir prêt pour retourner dès le lendemain voir la Grisette. Et moi, dit l'Abbé, que deviendrai-je pendant ce temps-là ? *Tout ce que tu pourras*, repliqua le Prince. *Pour moi je pousse mon aventure avec le Chevalier, & j'aime mieux en conter à ma Grisette, & m'entendre appeller Monsieur Lucas, que de jouir des distinctions & des faveurs de la Dame la plus hupée de la Cour.* Ah! ah! s'écria-t'il, en voilà bien d'un autre; il ne nous manquoit plus que cela. Hé bien, vous irez donc de votre côté & moi du mien. *Oui*, dit encore le Prince; *mais prends garde de ne pas t'aller faire couper la gorge, comme tu sais l'avoir déjà échappé une fois.*

Le lendemain, sans y manquer, nous courûmes à la même heure que la veille, jouir des offres de la Grisette; c'est-à-dire, nous reposer dans sa boutique, & attendre qu'elle eût auné quelque peu de ruban pour y entrer. L'avantage que nous tirâmes de ce petit retardement, fut d'apprendre qu'elle s'appelloit *Gothon*. *Votre serviteur, Mademoiselle Gothon*, dit Monsieur Lucas, en mettant le pied dans la boutique; *nous ne négligeons pas, comme vous voyez, de profiter de votre honnêteté. Voilà ce que c'est, vous d'avoir tant de charmes, & moi qui ne vouloit point de*

Maîtresse, *de ne savoir à présent ce qui en sera*. Quoi, répondit-elle, seroit-ce bien là le sujet de votre visite ? *Assurément*, repliqua mon maître Lucas ; *demandez plutôt à Monsieur le Chevalier*. Oh ! pour cela, répondis-je aussi-tôt, je puis vous assurer, Mademoiselle, que depuis hier Monsieur Lucas n'a cessé de me parler de vous, & qu'aujourd'hui il ne m'a point laissé en repos que je ne vous l'aie amené. Quel conte, répondit-elle avec un petit air de satisfaction ; je serois trop glorieuse, si je croyois que mes foibles charmes eussent tant de pouvoir.

Il ne fut pas difficile à Monsieur Lucas de battre en ruine cette précieuse modestie. Il le fit d'une manière si naturelle & si coulante, que Mademoiselle Gothon ne prit peut-être jamais tant de plaisir à s'entendre contredire. Cependant se croyant obligée de déguiser, elle appella par minauderie une de ses amies de la boutique vis-à-vis. On s'imagineroit quasi que ce mal-à-propos devoit déranger nos affaires. Nous le crûmes d'abord, mais rien au contraire ne pouvoit mieux les accommoder. Je croirois même que Mademoiselle Gothon l'eût fait à dessein, si son amie entrant ne lui eût dit en approchant de son oreille, mais assez haut néanmoins pour que nous l'entendissions : J'ai promis pour toi & pour moi, & l'on viendra nous chercher. Monsieur Lucas, faisant l'agréable & l'inquiet, voulut savoir de quoi il s'agissoit. Mademoiselle Gothon pria son amie de n'en rien dire; mais celle-ci, qui étoit une bonne petite réjouie, & qui ne s'imaginoit pas que sa camarade voulût faire la réservée, s'écria : Bon, bon! plus on est de foux, plus on rit. Nous allons, Messieurs, continua-t'elle, ce soir au Bal, & si vous voulez être de la partie, je vous dirai où c'est. Tu me le payeras, Babet, tu me le payeras, cria la méchante Gothon; mais on voyoit bien au travers de cette menace, que l'indiscrétion la chatouilloit.

Mademoiselle Babet [c'étoit le nom de cette petite indiscrette] remarquant comme toute autre auroit fait, que le danger n'étoit pas si grand, acheva, & nous apprit le lieu du Bal. Elle s'offrit même de nous y mener. Trouvez-vous, nous dit-elle, vers minuit à la porte du Charnier, vous nous verrez monter en carrosse, & vous nous suivrez. Monsieur Lucas remercia Mademoiselle Babet d'une manière à lui faire approuver encore davantage ce qu'elle avoit osé dire. Je fis aussi de mon mieux pour qu'elle n'eût rien à se reprocher à mon égard, & afin de me mettre assez dans ses graces pour que je pusse m'amuser avec elle en cas de besoin. La terrible Gothon néanmoins tenoit toujours bon, & paroissoit souffrir mortellement de toutes les avances de son amie. A la fin elle s'appaisa, & faisant la généreuse, elle dit, que puisque le vin étoit versé, il falloit bien le boire.

Monsieur Lucas ne manqua pas de s'épuiser à reconnoître ce grand effort de générosité. Pour y faire paroli, ou plutôt pour n'échapper rien de ce qui pouvoit le signaler, il offrit masques, dominos, carrosses, & le reste. Il se trouva par malheur qu'elles n'avoient besoin de rien de tout cela, & Mademoiselle Gothon moins encore que l'autre; car elle poussa la sévérité de ses remerciemens, jusqu'à dire qu'elle en avoit trois ou quatre de rechange. Monsieur Lucas fut donc obligé de rengaîner, & de recevoir gratuitement l'honneur qu'on vouloit bien lui faire. Sûr de ne le devoir qu'à lui-même, il n'en étoit que plus flatté. Je le dis, parce que dès que nous eûmes quitté nos Grisettes, il ne fit aucune difficulté de l'avouer, & de se plaindre, comme d'un malheur, que dans le rang où il étoit né, on ne pouvoit jamais s'assurer sur quoi tomboient les moindres égards, & qu'on perdoit par-là ce qu'il pouvoit y avoir de plus satisfaisant.

Ayant donc pris congé du Charnier, & de nos deux Innocentes, nous fûmes patiemment attendre au Palais-Royal, l'heure de les rejoindre. L'Abbé étoit sans doute à tenir parole au Prince, & à se vautrer dans quelque sale bourbier. Du moins nous ne le trouvâmes pas. Faute de lui, que le Prince eût peut-être amené sous le masque avec nous, nous prîmes un valet-de-chambre. C'étoit un drôle au poil & à la plume ; l'homme de l'Abbé lorsqu'il s'agissoit de quelque coup de main, & que la prudence en quelque sorte obligeoit de prendre. Le Prince l'ayant fait venir, je lui fournis un habit de masque, & il eut ordre de nous suivre. Moi, j'avois déjà pourvu à un carrosse de louage, ou plutôt j'en avois fait arrêter un par mon valet, & ordonné qu'il m'attendît dans le cul-de-sac de l'Opéra. Nous l'y trouvâmes ponctuellement. Le Prince monta. Je le suivis, après avoir dit au valet-de-chambre où il falloit qu'il fît fouetter.

Je rappelle cette circonstance, parce que le valet de-chambre étant venu se placer dans le carrosse, le cocher nous mena en effet aux Charniers des Innocens, mais à une porte au lieu de l'autre. Sans songer à cette méprise, le Prince ordonna seulement au valet-de-chambre d'avertir quand il sortiroit quelqu'un. Précaution inutile. Nous demeurâmes-là depuis avant minuit jusqu'à une heure après. Enfin, las d'attendre, le Prince me dit de descendre & de voir. Je le fis. A peine fus-je en bas, que je m'apperçus que le valet-de-chambre, ou le cocher, s'étoit trompé. Je parlai à celui-ci; il jura qu'il avoit suivi ses ordres. Je remontai, & dis au Prince de quoi il étoit question. Il falloit qu'il eût bien cette partie à cœur, puisque

puisque la croyant manquée, il entra dans une colère où je ne le vis jamais. Ah ! que les grands hommes sont quelquefois petits, quand on les voit de près !

Le Prince ne pouvant s'en prendre qu'à son valet-de-chambre, peu s'en fallut qu'il ne le jetât par la portière du carrosse. Je ne l'arrêtai qu'avec bien de la peine, & sur-tout en l'assurant que je trouverois le lieu du Bal. En effet, je me souvins que les Grisettes avoient indiqué tout près de là l'Eglise St. Méri, & la rue de la Verrerie. Ce fut un bonheur pour le valet-de-chambre. Il en fut quitte pour aller, suivant mes ordres, écouter de porte en porte, & venir dès qu'il entendroit quelques instrumens. Il ne tarda pas de revenir. Le cocher nous mena au lieu qu'il avoit remarqué. Nous entrâmes; & tout ainsi qu'un enfant qu'un rien fâche & qu'un rien appaise, le Prince se calma tout-à-fait.

Comme la foule n'est pas grande dans ces sortes de petits Bals Bourgeois, & que d'ailleurs on n'y garde guères le masque, nous n'eûmes pas de peine à reconnoître nos Grisettes, & à nous accrocher à elles. Bien m'en prit d'avoir fait le gracieux avec Mademoiselle Babet; car ne connoissant là ame qui vive, j'aurois couru risque de passer une fort mauvaise nuit. Pour Monsieur Lucas, il s'en donna à cœur joie; mais cependant sans lever le masque; car quoiqu'avec des Bourgeois, il eût pu être dégradé de sa bourgeoisie, d'où il faisoit avec raison dépendre son bonheur.

Mademoiselle Gothon aimoit la danse & le Bal. Si Monsieur Lucas n'étoit pas aussi danseur qu'elle, elle trouva à s'en dédommager d'ailleurs, & par des choses mêmes qui avoient rapport à son goût. Outre un air libre & aisé, des allures & un jargon de mascarades plus nobles & plus enjouées que tout ce qu'elle avoit encore vu; outre cela, dis-je, Monsieur Lucas brilloit sur-tout par son ajustement, qui, quoiqu'un de ses plus médiocres, étoit néanmoins le plus riche & le mieux ordonné de toute l'assemblée. Cela ne pouvoit manquer de donner à Mademoiselle Gothon une haute idée de sa bourgeoisie, & de seconder vivement le penchant qu'elle pouvoit avoir pour lui. Quoiqu'il en soit, Monsieur Lucas avança tellement ses affaires cette nuit, qu'il devint l'idole de son cœur, & qu'il eut déjà tous les erres de ce que l'Abbé n'avoit pu lui procurer.

Cependant l'heure étant venue, il fallut se retirer. Mademoiselle Gothon se trouva si traitable, qu'elle ne fit aucune difficulté de laisser son carrosse pour monter dans celui de Monsieur Lucas, tandis que Mademoiselle Babet, rigoureuse à son tour, crioit à tue tête, & j'eus bien de la peine à lui faire suivre son exemple. Ce fut un bonheur, si l'on peut appeller ainsi un malheur tant soit peu différé; car dès-lors peut-être il eût été consommé. Après les avoir remis à la porte du Charnier, le Prince m'en fit des vives plaintes. *Pourquoi*, dit-il, *ne m'avoir pas laissé seul avec cette fille ? Ne voyois-tu pas qu'elle étoit dans son quart-d'heure ?* Hélas! Monseigneur, répondis-je, avez-vous peur qu'elle vous échappe ? Nous rentrâmes, qu'il y songeoit encore. *Va te coucher*, me dit-il amérement, & *prends garde une autre fois à mieux jouer ton rôle.*

Cette réprimande ne m'empêcha pas de bien dormir, & de ne me lever que lorsqu'il me fit appeller. J'ai lieu de croire qu'il n'avoit pas si bien reposé que moi ; car n'ayant que son fol amour en tête, il m'envoya sur le champ au Charnier, pour lui apporter des nouvelles de sa Grisette, & lui faire agréer un Bal qu'il vouloit donner lui-même, pour tâcher, me disoit-il, de retrouver le quart-d'heure que je lui avois fait perdre. Il me donna cet ordre en riant, craignant de me voir pester ; mais je ne le fis pas moins, & sur-tout contre l'Abbé qui étoit là, & qui pour se venger animoit encore le Prince à ne me point laisser en repos. Oui, oui, Monseigneur, disoit-il, il faut le faire trotter, ne fût-ce que pour le punir de ce qu'il semble vous envier cette jouissance, & vouloir peut-être la garder pour lui. *Est-il vrai, Chevalier,* reprit le Prince ? Ma foi, Monseigneur, si j'avois quelque vue, ce seroit pour la laisser telle qu'elle est ; mais afin de vous prouver que je n'y pense, & que je n'y ai jamais pensé, je m'en vais aussi-tôt que j'aurai les yeux assez ouverts, m'acquitter de votre commission.

Pour peu que la Grisette eût été aussi mal disposée que moi, Monsieur Lucas eût été obligé de venir lui-même faire réussir son projet ; mais je la trouvai en si belle humeur, qu'il sembloit qu'elle eût juré son malheur. A peine m'eût-elle apperçu, qu'elle demanda où étoit Monsieur Lucas. Il est malade, Mademoiselle, de la fatigue d'hier ; & comme je lui ai dit que je viendrois voir si vous ne l'étiez pas, il m'a prié de vous saluer, & de lui rapporter de vos nouvelles. Malade, s'écria-t'elle ! Qu'à-t'il donc ? Pas grand' chose, Mademoiselle ; & sur-tout point de pleurésie. Oh ! pour de pleurésie, interrompit-elle, il ne s'est pas beaucoup mis en risque. Si peu, repliquai-je, qu'il ne demande que la récidive, & que je vous offre un Bal de sa part. Bal ! s'écria-t'elle ; il est bien honnête ce Monsieur Lucas. Fort honnête, repris-je assez séchement ; sans un grain de paresse, peut-être seroit-il venu lui-même vous le marquer : mais ce n'est pas de quoi il est question, il s'agit d'un Bal, & si vous voulez l'accepter.

Je voyois bien que la chose étoit conclue, & qu'il ne tenoit seulement qu'à un petit barguignage. Elle appella Babet, comme pour se consulter. Babet accourut. Toutes deux firent encore quelques simagrées. Enfin elles se rendirent. Fort bien, Mesdemoiselles, dis-je alors, je me charge de la fête & du lieu; c'est à vous à choisir le temps, & à faire avertir votre monde: car je vous déclare que ni Monsieur Lucas ni moi n'ameneront personne. Pourquoi donc, reprirent-elles? C'est, répondis-je, qu'outre l'éloignement de notre quartier, où ce n'est guères la peine de venir vous égarer, Monsieur Lucas a des raisons pour que personne de sa connoissance ne sache qu'il donne ce divertissement. Mademoiselle Gothon entra la première dans ce que je disois. Elle nous laissa les maîtres de tout. Je leur indiquai un lieu, que j'avois déjà en vue, & les quittai en leur disant de se tenir prêtes, elles & leur suite, pour le lendemain.

En entrant au Palais-Royal, j'appris que le Prince étoit sorti. Comme je ne doutai pas qu'il ne fût allé chez la Desmares, je fus auffi me récréer avec ma petite Pouffette. J'aurois bien pu la mettre de la fête qui alloit fe donner ; mais réfléchiffant qu'il y auroit peut être du rifque, je me contentai d'aller enfuite prendre le Chevalier, dont j'étois fûr, & qui pouvoit m'aider à ordonner. Je ne pouvois ignorer que tout rouleroit fur moi. Sans même en attendre l'ordre, nous nous rendimes, le Chevalier & moi, au lieu que j'avois indiqué à mes Grifettes. Nous y ordonnâmes tout, jufqu'à la mufique, & j'y laiffai des erres.

Le Chevalier fe divertit beaucoup, lorfqu'en le mettant du fecret de cette partie, je lui en dis la caufe. Il n'efpéroit pas moins du lendemain. Je le priai feulement de bien prendre garde à lui ; d'entrer en mafque, comme s'il étoit du nombre des Bourgeois invités, de s'accrocher à qui il pourroit, & fur-tout de ne rien dire ou faire qui put démafquer Monfieur Lucas. Je l'emmenai avec moi au Palais-Royal, pour lui faire part de ce que me diroit le Prince. Il étoit de retour à m'attendre. Mon rapport fut bientôt fait. Tout fuccède à vos vœux, Monfeigneur, dis-je en l'abordant. Jamais on ne vit Grisettes mieux disposées. Le Bal est déjà ordonné : musique, ambigu, rafraîchissemens, tout sera prêt pour demain au soir, & je doute que pour cette fois Mademoiselle Gothon vous attrape.

En effet, elle se précipita le lendemain dans ses bras, lorsque nous fûmes la prendre à l'heure. Eblouie d'abord du bon ordre que j'avois mis par-tout, & bientôt échauffée de la danse, attendrie par la musique, & le reste, Mademoiselle Gothon qui n'avoit jamais voulu entendre parler de Monsieur le Duc d'Orléans, se rendit à Monsieur Lucas. Outre la salle du Bal, il y avoit à côté une chambre pour l'ambigu, les rafraîchissemens, & plus loin une autre petite chambre où nos Amans se glissèrent. C'est-là où Mademoiselle Gothon étala toute sa boutique, & cessa d'être vierge, si elle l'étoit encore.

Notre plus grand plaisir au Chevalier & à moi, fut l'attention que nous prêtâmes à leurs allures. Dix fois la petite chambre toujours ouverte avoit été manquée. L'un ou l'autre survenoit. A la fin nous y voyant seuls d'importuns le Chevalier & moi, nous décampâmes, & sur le champ elle fut fermée. La seule pitié qui me restoit pour cette fille, fut d'empêcher qu'on ne s'apperçût que le moins qu'il se pourroit de sa disparition. Le Chevalier me secondant, nous rassemblâmes tout le Bal pour faire une danse en rond, & nous la continuâmes si long-temps, que donnant à la fin un coup d'œil dans la salle des rafraîchissemens, j'y apperçus Monsieur Lucas & Mademoiselle Gothon, qui, du moins aussi échauffés que nous, s'y rafraîchissoient. J'entrai. Tous les danseurs étant las & altérés, fondirent presque en même-temps, & toute la salle fut remplie sans qu'on sût peut-être qu'il y fut demeuré quelqu'un. Hélas! à quoi bon tant de précaution! Cette petite chambre si commode n'en fut pas quitte pour être visitée une fois. Non-seulement Monsieur Lucas y retourna, mais plusieurs de nos Bourgeois y entrèrent avec leurs Bourgeoises. Cela devint même si commun le matin, qu'on ne prenoit plus la peine de fermer la porte, & qu'il n'y eut pas jusqu'au Chevalier & moi, qui trouvant notre tour, bravâmes cette précaution.

Tous étant peut-être plus que satisfaits, on se retira chacun chez soi. Le Chevalier, qui étoit venu seul, s'en retourna avec la Bourgeoise dont il s'étoit amouraché. J'eusse bien voulu quitter tout, & aller plutôt avec lui, pour rire à l'aise de tout ce qui nous avoit réjoui ; mais il fallut terminer la fête en reconduisant Mademoiselle Gothon avec Monsieur Lucas, & je le devois d'ailleurs à Mademoiselle Babet. Notre séparation fut des plus tendres. Les nœuds de la connoissance venoient de s'unir & de se serrer de la façon la plus étroite. Mille baisers la scellèrent encore, & servirent d'erre pour se rejoindre au plutôt.

Quelle jouissance, me dit le Prince, après qu'elles nous eûrent laissé ! *Non, de ma vie je n'en eu une pareille. Je ne crois pas que jamais je m'en lasse.* Quel conte, Monseigneur, répondis-je : si vous vous tâtiez bien, peut-être vous le trouveriez-vous déjà. *Non, ma foi,* reprit-il, *& je ne me sens que plus en goût.* Je le félicitai, & lui avouai que pour moi j'avois plus besoin de dormir que d'autre chose. Le sommeil m'accabloit en effet, & dès en arrivant j'allai m'y livrer tranquillement. Malgré ce que m'avoit dit le Prince, & qui me faisoit craindre d'être trop-tôt éveillé, j'eus le temps néanmoins de ne l'être que de moi même. Du matin jusqu'au soir je ne fis qu'une pause. Jugeant qu'il devoit être tard, je me levai pour aller voir comment alloit le Prince. Je le trouvai de même humeur qu'en quittant nos Grisettes. Peut-être que s'il n'avoit craint de déranger la mienne, il ne m'eût pas laissé si long-temps au lit. J'en juge par le projet qu'il me communiqua d'abord, & qu'il avoit dirigé avec l'Abbé.

Il faut, me dit-il, *à présent que tu es frais, aller voir comment vont nos Grisettes. Ce n'est pas le tout ; il faut que tu les résolves à venir au Bal de l'Opéra ; & comme Gothon m'a dit elle-même qu'elle n'y étoit jamais venue, il nous sera aisé de la faire entrer dans le Palais. Je l'aime*, poursuivit-il ; *elle m'aime ; j'ai lieu de le croire. Je veux, quand je la tiendrai une fois, en faire ma Sultane, & redoublant son amour me faire connoître à elle. Que diable*, ajouta-t'il, *si elle m'aime comme Monsieur Lu-*

cas, ce sera bien pis quand elle saura qui je suis ! Ce fut bien pis en effet, ainsi que le lui montra bientôt son projet.

Je me rendis, suivant les ordres du Prince, au Charnier des Innocens. Je trouvai nos Grisettes toutes deux ensemble. Elles m'accueillirent, comme l'instrument de leurs plaisirs & de leur bonheur. Je leur parlai du Bal de l'Opéra ; je leur en relevai le charme ; & alléguant que le premier qui se donneroit seroit le dernier de l'hiver, je les sollicitai à faire cette partie. Je vous viendrai prendre, ajoutai-je, avec Monsieur Lucas. Pour nous venir prendre, répondit la Gothon, non ; parce que je n'oserois dire à ma mère que je vais encore au Bal, & sur-tout à celui de l'Opéra. Quoi, interrompis-je, est-ce donc que vous avez une mère ? Assurément, reprit-elle. Babet, bien plus heureuse, n'en a pas. Si j'étois comme elle, je ne serois guères en peine ; mais il faut que je prenne des mesures ; & comme je ne sais pas bien l'heure que je serai libre, trouvez-vous seulement au Bal, & nous nous y rendrons. Fort bien, lui dis-je. La chose, encore plus facile pour Monsieur Lucas, fut arrêtée & conclue. Je vins lui en faire le rapport; sa joie fut extrême, & jusqu'au lendemain au soir je fus me divertir chez ma petite Pouffette avec le Chevalier.

M'étant enfin rendu de bonne heure; j'allai presque du même pas faire sentinelle au Bal. Bien m'en prit; car au lieu d'onze heures ou minuit qu'il commença, il n'en étoit que dix, ou tout au plus que dix & demie, quand mes Grisettes arrivèrent. Gothon avoit peut-être donné une petite dose d'opium à sa mère, pour l'envoyer bien vîte dormir. Sans m'en embarrasser, je les plaçai toutes deux dans une loge, & dès que les instrumens commencèrent à ronfler, je fus les mettre en train de danser. Pour Monsieur Lucas, il prit si bien sa commodité, qu'il n'arriva qu'à minuit passé. Il nous reconnut sans peine, & nous le reconnûmes de même. Cependant il étoit obligé de garder-là plus de mesures que dans nos Bals bourgeois. Certains yeux familiers ne l'auroient pas manqué, & encore moins ce qui se seroit passé avec les Grisettes. Pour obvier à tout, il se plaignit à nous en particulier d'un mal de tête, nous montra une loge, s'y retira, & nous dit de l'y venir trouver quand nous ferions las de danfer.

Il étoit bien trois à quatre heures avant que Gothon le trouvât laſſe & penſât à le joindre. Elle jetoit ſeulement de temps en temps un coup d'œil ſur lui, comme pour lui demander quartier. Tout dépendoit d'elle, & il falloit attendre ſon bon plaiſir. Enfin, elle ſe trouva non-ſeulement laſſe, mais altérée, & c'eſt ce qu'il nous falloit. Alors elle joignit Monſieur Lucas. Se plaignant de ſa fatigue, & ſur-tout de ſa ſoif, il lui offrit des rafraîchiſſemens. On pouvoit en avoir ſans ſortir, mais ils ne valoient rien. On lui dit qu'il y en avoit tout près de bien meilleurs, & où l'on ſeroit beaucoup plus à ſon aiſe. Son cher Lucas, qu'elle brûloit peut-être d'embraſſer, n'eut pas grand' peine à la perſuader. Nous paſſâmes donc tous quatre du Bal dans le Palais-Royal. Il falloit qu'elle fût bien laſſe, ou bien occupée d'ailleurs; car paſſant par certains endroits, elle auroit dû naturellement faire quelques queſtions. Cependant elle n'en fit aucune, juſqu'à ce qu'elle fut assise dans l'appartemeut même du Prince.

Où sommes-nous, dit-elle alors ? Cela me paroît si magnifique, qu'on diroit un Palais. *C'en est bien un en effet*, dit Monsieur Lucas, *& que je vous offre, ma Charmante, pour y passer vos jours avec moi.* Quoi, reprit-elle en se levant, c'est ici chez vous ? Ce mouvement que le Prince regarda comme l'effet naturel d'un étonnement qui frappe, ne l'empêcha pas de poursuivre. *Oui*, continua-t'il, *ce Palais est à votre cher Lucas, ce Lucas qui vous aime, & qui ne pouvant vivre sans vous, vous prie d'y demeurer.* Je gage, dit-elle alors, que c'est ici le Palais-Royal ? *Oui*, répondit le Prince ; *& moi*, ajouta-t'il, *le Duc d'Orléans.* Ah ! s'écria-t'elle, que je suis malheureuse ! je suis trompée, Babet, & me voilà perdue !

Quoi donc, repliqua le Prince bien étonné ? *Pourquoi seriez-vous perdue ?* Oui, s'écria-t'elle encore, je la suis, & vous n'êtes qu'un fourbe, un trompeur. *Trompeur*, ajouta le Prince ; *si je le suis, ce ne sera que pour vous rendre plus heu-*

reufe, & vous prouver que le Duc d'Orléans vous aime encore plus que Lucas. Prince, Duc, Lucas, que tous s'en aillent, & qu'on me laiffe auffi aller. Là deffus elle fe leva. Le Prince l'arrêta. Cela eſt inutile, lui dit-elle, à moins que vous ne vouliez me faire violence. *Pour violence,* repliqua le Prince, *jamais je n'en fis à perfonne. Mais au moins dites-moi vos raifons, & que je fache ce qui vous fait tant d'horreur.* Moi-même, interrompit-elle, après ce qui m'eſt arrivé. La première fois que je vous vis, continua-t'elle, vous me plûtes ; la feconde, je vous aimai ; la troifième, vous m'avez rendue folle. A préfent que je le reconnois, je veux fortir de ce lieu, & fur-tout ne vous revoir jamais. Adieu. Elle prit Babet par-deffous le bras & décampa.

Comme j'étois feul auprès du Prince, je pris des bougies pour les mieux éclairer. Elles couroient comme des folles, & moi après elles. Mes bougies s'éteignirent. Adieu donc, Babet, criai-je, & je retournai fur mes pas. Le Prince tout ſtupéfié me demanda ce que je penſois de cette aventure. Moi, Monſeigneur, répondis-je, j'y trouve, comme chez la plupart des Femmes, un assemblage d'amour, de caprice & de bizarrerie. Lucas le charmoit, & le Prince lui fait horreur. Elle aime, elle déteste le même homme pourtant; mais n'importe, elle fuit, lorsqu'au lieu d'un attrait elle en a cent pour demeurer. Aujourd'hui je croirois qu'elle auroit eu quelque raison, si déjà couverte de blâme, on pouvoit s'imaginer qu'elle ne fût pas venue pour s'en surcharger. C'est peut-être ce que le Prince, qui malgré ses fougues avoit toujours le sens droit, entendoit par la réponse qu'il me fit; que tout ce qu'on pourroit ajouter à ce que j'en disois, n'étoit pas capable de la justifier. *Je suis pourtant fâché, ajouta-t'il, qu'elle m'ait planté là. Il est vraisemblable que je ne la reverrai plus. Je ne veux pas même le tenter; mais j'ai trouvé tant de charmes dans mon intrigue avec cette fille, que je veux m'en dédommager par quelqu'autre semblable.*

Le Prince, en matière de plaisirs, n'en imaginoit aucun qu'il ne fût prêt à se le procurer. Le goût qu'il avoit pris à la Grisette, ne permettoit pas de douter qu'il ne cherchât à remplacer celle qu'il venoit de perdre. Auſſi-tôt que l'Abbé ſe préſenta, il ne ſe divertit pas ſeulement à lui raconter ſon aventure, mais il lui ordonna encore de chaſſer au Palais, ou ailleurs, & de lui fournir quelque nouveau gibier digne de le mettre lui-même aux abois. La Griſette prit donc la place de la Grivoiſe; mais avant que l'Abbé eût pris langue, & qu'il eût frayé la route, j'eus le temps de me reconnoître, & de ſuivre mon goût avec mes amis.

Depuis que le Prince m'avoit fait préſent de cinq cent louis, j'étois riche à ne ſavoir que faire de mon bien. Faute d'occaſion, je ne les avois pas ſeulement tous dans la même bourſe, mais j'étois encore embarraſſé de ce qu'on m'allouoit pour mes menus plaiſirs. Voulant aller voir le Chevalier, j'en pris cent dans le deſſein de m'en divertir avec lui. Je le trouvai, & je lui dis tout net le ſujet de ma viſite. Sois le bien venu, me dit-il, car ma foi je ſuis à ſec, & ne ſavois que devenir. Pauvre garçon! eſt-ce que tu ne ſais donc pas me trouver quand cela t'arrive, &

sur-tout quand tu sais que je puis y remédier ? Tu mériterois que je te laissasse mourir d'une aussi vilaine mort : mais non, partageons, & voyons qui de nous deux tirera le meilleur parti de ces espèces. Moi, je suis sûr, repliqua-t'il ; car faute d'en avoir, je viens d'échapper une occasion où je puis encore les faire aller grand train. Voilà ce que je recherche, lui repartis-je ; dis-moi vite ce que c'est, & partons. Il m'apprit qu'il n'y avoit pas demi-heure que quatre amis, dont Briquenai étoit l'un, l'avoient sollicité pour une partie toute semblable à celle que nous avions faite pour célébrer les adieux de Gréves ; c'est-à-dire, des Femmes, du Jeu & du Cabaret. Bon, m'écriai-je, où sont-ils ? décampons & allons les trouver. Pitoyable emportement ! Il n'y avoit que deux jours, pour ainsi dire, que je m'étois condamné moi-même de mon déréglement, & je m'y précipite néanmoins derechef. Le cas est trop commun parmi les jeunes gens, pour ne pas les avertir de mieux employer le retour que leur permet quelquefois le calme de leurs passions. C'est sur-tout le temps de raisonner, & de se fortifier plus qu'ils n'ont malheureusement coutume de faire.

Bien éloigné alors d'avoir reçu cet avis, nous volâmes pour ainsi dire, le Chevalier & moi, où il s'imaginoit trouver encore ses amis. J'entrai néanmoins en passant chez mon oncle. J'avois un air si pressé, qu'il ne pouvoit manquer de m'en demander la raison. Je n'avois garde de la lui dire. Un petit mensonge me tira d'affaire. Je lui alléguai une commission que je venois de faire, & dont il falloit promptement la réponse. Loin de me retenir, il me pressa lui-même. Sans me le faire dire deux fois, je le saluai, & d'un saut je joignis le Chevalier qui m'attendoit au coin de la rue.

Nous galoppâmes d'abord chez Briquenai, à l'hôtel des Mousquetaires Gris. C'est là où nous nous imaginions de trouver encore la bande joyeuse, mais elle étoit partie. N'importe, me dit le Chevalier, je sais où elle doit se rendre. Tout ce qu'il y a, c'est qu'au lieu d'attendre ici, pour avoir comme eux chacun notre chacune, nous irons les surprendre-là. Où donc-là, interrompis je ? A Milimontant, reprit-il courons seulement chercher nos Maîtresses, & nous les joindrons avant même qu'ils aient eu le temps de se reconnoître. Nous fûmes donc, lui chez sa Joueuse, & moi chez ma petite Poussette. Ni l'une ni l'autre ne se trouvèrent. De les attendre, nous courions risque ou d'arriver trop tard, ou même de ne pas aller du tout. Passons-nous-en, dîmes-nous, pour cette fois, nous irons brochant sur-tout. Ni plus ni moins nous partîmes.

Plus heureux, en style de jeunes gens, que nous ne nous y attendions, nous ne trouvâmes pas seulement nos amis, mais deux filles de relai, amies des leurs, & qui s'étoient jointes à elles. La surprise & la joie se manifestèrent de part & d'autre. Nous nous accrochâmes sur le champ aux Nymphes que le hasard nous avoit destinées. Si c'étoit une trouvaille pour nous, ce n'en étoit pas moins une pour elles. Tombant sans choix chacun sur la nôtre, le vuide fut rempli. Bien vous en prend, dit Briquenai en s'adressant à moi; car je ne me sens pas d'humeur à lâcher ma proie, comme tu te souviens qu'il arriva à St. Cloud. Nous ne nous connoissons que d'hier, ajouta-t'il à sa Dulcinée, & foi de Mousquetaire je l'aimerai encore tout aujourd'hui. En fidèle Page, répondis-je à Briquenai, je jure pour autant : ainsi tout ira bien, & ne songeons qu'à nous divertir.

Pour commencer le branle, nous envoyâmes chercher des violons. Tout mauvais racleurs qu'ils étoient, nous nous mîmes à danser, ou plutôt à gambader. Nous dînâmes, & après le dîner nous recommençâmes. Echauffés alors, & par le vin & par les sauts, nous fîmes mettre à nos Maîtresses leurs vertugadins à bas, & nous les obligeâmes, bon gré malgré, à jouer à pet-en-gueule. Ce jeu n'est pas moins burlesque ou polisson que le nom. Ceux qui savent ce que c'est, peuvent se divertir de l'idée seule ; mais rien n'approche du plaisir original que nous y eûmes. Cent fois nos nez se trouvant au lieu que la décence ne permet pas de nommer, c'étoient des éclats de rire à laisser tomber celle que l'on tenoit au risque de lui casser le col. La Maîtresse de Briquenai pensa surtout avoir ce tragique sort. Soit peur, soit qu'il la pressât trop vigoureusement, il lui échappa malheureusement une vapeur si bruyante, qu'il la laissa non-seulement tomber, mais qu'il la jeta par terre avec violence. Si la pauvre fille ne se fût retenue sur ses mains, elle eût certainement eu la tête fracassée. Malgré cela, tombant d'une autre côté sur le derrière, elle fut toute mutilée. Cet accident ayant fait cesser le jeu, il donna de lui-même occasion à un autre, où Briquenai ne manqua pas de visiter la contusion que sa Maîtresse s'étoit faite, & de nous en divertir encore après.

De l'humeur avec laquelle nous avions commencé, il n'étoit pas apparent que nous quittassions si-tôt la joie. Non-seulement sans la quitter, mais sans y faire la moindre interruption, nous fîmes venir des cartes; & les uns au piquet, les autres au quadrille, nous la continuâmes jusqu'au souper. Quoique je préférasse le piquet, que je croyois savoir mieux, la plus grande partie de mes louis n'en changea pas moins de maître. Je n'en fus pas moins gai à table. Au lieu de la polissonnerie de mains, nous en commençâmes une de contes & de chansons. Si je n'y faisois pas chorus comme les autres, c'est que je n'étois pas encore tout-à-fait instruit. Je ne pouvois comprendre d'où pouvoit venir tant de vilenies. Rien n'est plus propre à gâter l'esprit & le cœur des jeunes gens. Y prêter l'oreille, c'est s'exposer au danger manifeste de devenir bientôt aussi véreux que ceux que l'on écoute, & quelquefois autant que les auteurs mêmes de ces puantes productions.

Briquenai tirant un Sotisier de sa poche, digne recueil de ses débauches, nous passâmes jusqu'à quatre heures du matin à le feuilleter. Las de chanter, rire & boire, nous rentrâmes dans Paris. Briquenai nous mena, le Chevalier & moi, coucher avec lui. Après quelques heures de mauvais repos, nous nous levâmes, & je les emmenai au Palais-Royal. Apprenant qu'il n'y avoit rien de nouveau, je leur proposai à dîner chez ma petite Poussette. Nous y allâmes. Le soir voulant quitter, elle me dit que le Prince devoit venir souper chez la Desmares. Restez, ajouta-t'elle, & vous retournerez ensemble. Je fus séduit ; j'oubliai que j'avois besoin de me reposer. Le Prince étant venu en effet, je pris congé
à son

à son départ ; & laissant ma Poussette & & mes amis, je rentrai avec lui au Palais-Royal.

Comme le Prince étoit accoutumé à me faire rendre compte de mes plaisirs, je le divertis de notre jeu de pet-en-gueule. Il ne savoit ce que c'étoit, & il fallut que je lui promisse de le jouer devant lui avec quelques-uns de mes caramades. Dès le lendemain il me fit tenir parole. L'aventure que je lui avois racontée, lui parut alors si comique qu'il pensa étouffer de rire, & qu'il jura de se procurer une pareille scène avec des Femmes. L'Abbé paroissant sur ces entrefaites, il le chargea de la lui ménager. Quelle diable de fantaisie, répondit l'Abbé ! Ne voudriez-vous pas, Monseigneur, jouer aussi vous-même ? *Que t'importe*, repliqua le Prince. Il eut beau s'opposer, il fallut obéir. Il est vrai que pour l'engager, il eut la permission d'amener quelle fille il voudroit. Sa commission devenant par-là facile, & peut-être agréable, il sortit sur le soir, & une heure après il amena deux filles.

Ce n'étoit pas le tout. Il n'avoit pas songé qu'il falloit quatre acteurs ; & que faute d'un de plus, il feroit obligé de l'être lui-même; fans cela le plaifir n'eût été que de la peine pour moi : mais j'en eus un véritable, lorfque malgré fa réfiftance, il fut obligé de fe mettre en quatre comme un chat, & une des filles à côté de lui me recevoit avec l'autre fur fon dos. Ses reins ufés avoient de la peine à nous fupporter. Il le fallut pourtant, non pas une fois, mais plufieurs, & par conféquent affez long-temps. Qu'il faifoit beau voir un futur Prélat ou Cardinal fe prêter à une pareille pofture ! Quand on fonge que c'eft encore la moindre chofe qu'il fit pour s'en rendre indigne, on ne peut trop applaudir à cette épitaphe qui courut après fa mort. *Rome rougit d'avoir rougi le M..... qui git ici.*

 Tandis que le Prince paroiffoit prendre tout fon plaifir à nous voir renverfer & culbuter, je n'avois qu'à faire fentir à M. l'Abbé tout ce que je pouvois pefer. Tombant fur lui, chaque fois je le faifois crier hai ! A la fin, il s'en rebuta tellement, que rien ne put l'obliger à faire plus long-temps le bas dos. Le Prince qui n'infiftoit plus que pour la durée, le laiffa. Pour moi qui en vouloit encore, j'éprouvai bientôt que le divertissement mène toujours plus loin qu'on ne pense, & que j'étois réellement fatigué. Le jeu finit, les Donselles furent congédiées. L'Abbé tout moulu faisoit grise mine. Malgré cela, le Prince, qui ne cherchoit qu'à voltiger d'un plaisir à l'autre, lui demanda s'il n'avoit pas encore découvert quelque nouvelle grisette au Palais. Le temps au fond n'étoit guères favorable, aussi n'en tira-t'il qu'une brusquerie.

Pour dédommager le Prince, je m'offris, en cas de disette, de lui procurer quelque chose de nouveau. A peine eus-je lâché le mot, qu'il voulut savoir ce que c'étoit. L'Abbé lui-même dérida son front pour m'obliger de parler. Oui, me dit-il, vous nous apprendrez, s'il vous plaît, votre beau projet, ou vous irez tout droit aux arrêts. *Là, là*, répondit le Prince, *tu es bien méchant ; donne-lui au moins le temps de respirer*. C'est bien tout au plus, si lui-même me le donna. Sans répit, il fallut m'expliquer. En promettant quelque chose de nouveau, dis-je alors, je crois, Monseigneur, pouvoir tenir parole, mais *item* c'est tout. N'ayant pas les talens de Monsieur l'Abbé, mon ministère ne produira pas grand'chose. Il s'agit simplement, ajoutai-je, d'une partie de Soubrettes.

En effet, je n'avois en vue que celle que m'avoit fait faire le Chevalier chez sa Maîtresse du Pharaon. La racontant au Prince, il arriva ce quoi je ne pouvois que m'attendre; c'est qu'il ne me laissa aucun repos que je ne l'eusse mené dans ce noble endroit. L'Abbé voulut être aussi de la partie. A cela ne tienne, lui-dis-je ; mais gare que vous, qui êtes connu parmi cette gent, comme le loup gris, ne nous trahissiez. *Non, non,* repliqua le Prince, *je suis persuadé que se mettant en homme d'épée, jamais personne ne le reconnoîtra. Il le sait ; c'est une métamorphose qui ne lui a jamais manqué. Pour moi,* ajouta-t'il, *je prendrai sa place ; c'est-à-dire, que je me travestirai en Abbé, & je compte de n'être pas plus reconnoissable que lui.*

La partie ainsi conclue, c'est tout ce que je pus, que d'obtenir quelque temps pour ⸺ndre aussi riante qu'elle pouvoit l'être.
⸺ver le Chevalier. Repose-toi sur

moi, m'assura-t'il d'abord, & ne t'embarraſſe que d'amener le Prince demain, entre ſix & ſept heures du ſoir. Je pouvois me tranquilliſer ſur ſa parole, & je le fis. En attendant, je profitai de l'eſpèce de vacance que je gagnois par-là, & je vis mon oncle plus à loiſir que je n'avois fait depuis long-temps. Il étoit ſur le point de partir pour la campagne. Tu viens tout à propos, me dit-il; je penſois à toi pour mes adieux. L'air & le ton mélancolique dont il prononça ces mots, me ſurprirent. J'aurois pu croire que c'étoit un effet de tendreſſe; mais ne lui ayant jamais vu de pareils ſymptômes, je lui demandai ce qu'il avoit. Je ne ſais, répondit-il; j'ai un preſſentiment que je ne reviendrai pas de cette campagne. Bon, repliquai-je ! pourquoi moins de celle-ci que tant d'autres ? Ce n'eſt pas, ajouta-t'il, la crainte d'y demeurer qui m'inquiéte; ce ſont certains arrangemens que je n'ai pas pris, & que le temps ne me permet plus de prendre.

Je combattis de toute ma force une triſteſſe ſi mal fondée; je la croyois telle alors: mais outre que ce preſſentiment ne ſe vérifia que trop, j'ai la preuve de tant d'autres auxquels l'événement a répondu; que je ne sais plus que penser. Mon oncle se sentoit tellement menacé, que quelque chose que je pusse dire ou faire, il ne changea ni de situation ni d'idée.

Non, me répéta-t'il, je n'espère plus de te revoir; mais tu auras de mes nouvelles avant, ou même après ma mort. Après votre mort, interrompis-je ! songez-vous bien, mon cher oncle, qu'il y a là du paradoxe ? Pas tant, reprit-il; tu en conviendras un jour ou l'autre ; mais en attendant, gouverne-toi toujours en en brave garçon. Sous ce mot, continua-t'il, je comprends tout ; sagesse, prudence, valeur, & tout ce qui convient à un jeune homme de ton espèce. Domine-toi, règles tes penchans, & souviens-toi qu'il n'y a personne, qui poussé à un certain point, ne précipite tôt ou tard celui qui a le malheur de s'y livrer. Le téméraire ne tombe pas moins dans le mépris que le lâche, & que le prodigue dans l'indigence; l'intempérant, à l'égard des Femmes, du Jeu, ou du Vin, tout au moins tombe dans l'infamie, & ainsi du reste. Voilà comment mon cher oncle, récapitulant les penchans, attaquoit directement les miens. Fondé sur l'expérience, il n'en parloit pas moins juste. C'est sur-tout dans un vieil Officier comme lui que se trouve l'école du monde, & les règles les plus approuvées de la Société.

M'ayant chapitré en quelque sorte, il m'embrassa la larme à l'œil. Quoique je dusse le revoir encore avant son départ, & que je ne songeasse à rien moins qu'à ne le revoir jamais après, je ne laissai pas que d'être extrêmement ému. Le Chevalier que j'attendois, & qui arriva sur ces entrefaites, interrompit cette scène. La conversation changeant, mon oncle parut abandonner ses tristes idées. Mon émotion aussi se dissipa, & bien m'en prit; car je n'aurois été guères propre à me prêter à ce que le Chevalier venoit m'apprendre, & encore moins à la partie qu'il s'agissoit d'exécuter. Je la communiquai à mon oncle, pour achever de le distraire. C'eût été bien autre chose, s'il eût pu en être, mais il étoit trop connu du Prince.

Le Chevalier me fit, en sa présence, le détail de la manière dont il avoit conelu & arrangé les choses. Il me dit que la maîtresse du Jeu avertiroit les Banquiers pour qu'ils augmentassent leur banque, qu'elle inviteroit ses plus belles Joueuses, & tiendroit un magnifique souper tout prêt. Voilà à quoi cela pouvoit aboutir. Du reste, c'étoit sur moi que le Chevalier avoit remis les honneurs. Il avoit prévu que j'y menerois deux amis de Province en état de jouer gros jeu; que le souper néanmoins seroit sur mon compte, malgré le gain que pourroient faire les Banquiers; mais que la compagnie seroit entiérement de mon choix.

Après ce détail, mon oncle parla de Comédie, & nous y mena. J'y vis ma petite Poussette qui m'invita à souper, mais la partie étoit déjà faite. Nous avions en passant ordonné chacun notre plat chez un Traiteur, & sans attendre la fin de la petite Pièce, nous sortimes pour nous y rendre. Le Chevalier à qui j'avois donné le mot, mit mon oncle en si belle humeur, qu'il paroissoit parfaitement guéri du funeste pressentiment qui l'avoit agité. Il parla néanmoins de son départ. Nous bûmes au succès de la campagne, à ses adieux ; & nous ayant recommandé d'être toujours bons amis, le Chevalier & moi, nous nous levâmes de table, & fûmes le remettre chez lui. Ravi de le voir tranquille, je me retirai, & fus partager le lit du Chevalier.

Le lendemain m'étant rendu au Palais-Royal, j'instruisis le Prince de ce qu'il attendoit avec impatience. Je lui dis qu'il n'y avoit qu'à se préparer, qu'on l'étoit déjà pour le recevoir, ou du moins qu'on le seroit entre six & sept heures. Il fit sur le champ appeller l'Abbé. On convint d'abord des noms. Le Prince jugea qu'il n'en avoit pas besoin, & qu'il suffisoit de celui que lui donneroit son déguisement. *Pour toi*, ajouta-t'il à l'Abbé, *tu m'embarrasses*. Point, point, Monseigneur, interrompis-je ; s'il n'y a que le nom, je le tiens déjà. *Hé bien*, reprit-il, *voyons, quel nom lui donne-tu ?* Le plus scénique, Monseigneur ; &, si je ne me trompe, Monsieur du Trot. *Fort bien*, s'écria le Prince. *Qu'en dis-tu, l'Abbé ?* Ma foi, Monseigneur, répondit-il, je m'en rapporte à vous ; vous le savez, & je ne crois pas que vous puissiez vous y tromper. Ce nom ayant paſſé, on n'attendit que l'heure; & dès qu'elle fut venue, on s'habilla & l'on partit.

Nous trouvâmes en arrivant la Banque ouverte, & le Banquier des pontes déjà aux mains. Comme l'on s'attendoit à nous voir jouer gros jeu, trois perſonnes qui occupoient des places pour nous ſe levèrent, & nous n'eûmes qu'à nous aſſeoir. Monſieur l'Abbé s'occupa d'abord à lorgner. Monſieur du Trot, & moi, nous pontâmes. Malgré mes préparations, ou celles du Chevalier qui étoient-là, nous penſâmes être vendus & entiérement dérangés. Je ne ſais comment le Garde-du-Corps avec qui je m'étois trouvé la première fois, ne nous étoit pas venu dans l'eſprit. Il y avoit cent contre un qu'il reconnoîtroit Monſieur l'Abbé, & que n'étant pas prévenu il pourroit tout gâter. Par bonheur encore, c'étoit lui qui tailloit. Trop occupé pour dire mot, il ſe contentoit de remoucher de temps en temps Monſieur l'Abbé. C'eſt à ſes diſtractions, ſes regards, que je me rappellai le danger. Je lui fis d'abord ſigne de l'œil; mais craignant que cela ne ſuffit pas, je me levai & allai le prévenir à l'oreille. Tranquille, je ne songeai qu'à ponter. Monsieur l'Abbé à la fin prit aussi une carte, & tirant un rouleau de louis, il le mit dessus. Le Garde-du-Corps, Banquier, qui connoissoit le ponte & qui craignoit qu'un *sept & le va* ne fit sauter sa banque, demanda quartier. Pardon, dit-il, à Monsieur l'Abbé, nous ne tenons pas si gros. *Fort bien*, répondit-il, *que voulez-vous ?* Vingt louis, Monsieur, tout au plus, reprit le Banquier. Monsieur l'Abbé rompit alors son rouleau, & prenant sans compter, il massa ce qui se trouva dans sa main. Que diable, dis-je alors, Monsieur l'Abbé ! permettez-moi de vous dire que vous n'y entendez rien. Est-ce ainsi qu'on joue chez vous ? Je pris moi-même les louis, j'en comptai quinze & les mis sur sa carte. C'est bien assez, ajoutai-je. Allons, Monsieur le Banquier, continuez.

Bien lui prit d'avoir modéré le jeu. Il n'eut pas tourné quatre cartes, que celle de Monsieur l'Abbé vint à gain. Que faites-vous, Monsieur, lui dit-il ? Occupé à lorgner, il ne l'entendoit seulement pas. Je lui donnai du coude, faisant le fâché, & je lui dis; songez donc à votre jeu. *Quoi ? quoi ?* répondit-il. Votre carte a gagné, repris-je, & l'on demande ce que vous voulez faire. *Paroli*, ajouta-t'il en rajustant sa lorgnette, & sans même plier sa carte. Je me fâchai alors tout de bon. Pliez donc votre carte, lui criai-je. Il revint à lui pour un moment, & tandis que je perdois tous mes louis, il en gagna plus de cent de cette seule taille.

Pendant que le Banquier mêloit d'autres cartes, Monsieur l'Abbé se remit à lorgner. Je craignois que cette affectation qui suppléoit à un défaut généralement reconnu, ne vint enfin à le trahir. Le Banquier commençant une nouvelle taille, j'avertis Monsieur l'Abbé de lui donner revanche. Il étoit si occupé d'une jeune Brunette, placée derrière les autres, & qui donnoit son argent à jouer, que je ne pouvois lui faire quitter sa lorgnette. C'étoit précisément la même avec qui j'avois fait apprentissage d'amour. Voulez-vous bien jouer, lui dit Monsieur du Trot, qui ne craignoit pas moins que moi? *Joue toi-même*, repliqua-t'il, *& laisse-*

moi. Le danger ne faisant que croître, je le pris sur un autre ton. Hé bien, dis-je, Monsieur l'Abbé, lorgnez tant qu'il vous plaira, & moi je jouerai pour vous. Pardonnez, ajoutai-je, Mesdames & Messieurs, c'est un Chanoine Provincial qui n'est jamais sorti de son Chapitre, & qui est apparemment ébaubi de se voir ici. Chacun rit; & l'Abbé même, malgré sa distraction, rit aussi, & profita de cette défaite.

Je n'ai jamais rien vu de pareil au caprice que montra le sort, ou le jeu, pendant cette soirée. Tout ce que je massois pour Monsieur l'Abbé, je le gagnois; & tout ce que je couchois pour moi, je le perdois. S'il eût lui-même gouverné son jeu, la banque eût sauté dix fois. Ce qu'il y a d'étonnant, c'est que m'étant mis à sec, & l'avertissant en riant du bout des dents, que j'allois masser pour moi de ses louis, je rattrapai presque tous les miens. Il n'en étoit pas de même de Monsieur du Trot. Malheureux, depuis le commencement jusqu'à la fin, il profitoit de son déguisement pour jurer, tempêter comme un

Grenadier. Enfin, Monsieur l'Abbé las d'être assis, & la partie d'ailleurs prête à finir pour souper, il se leva; nous nous levâmes avec lui, & je le fis entrer dans une chambre voisine.

Là il me donna l'étiquette de toutes celles qu'il falloit inviter à notre table. Ma Brunette fut nommée la première. Il n'étoit jamais frappé à demi. *Qu'elle est piquante*, me dit-il; *la connois-tu ?* Mes louis que j'avois rattrapés, les siens mêmes qu'il m'avoit fait empocher, & que je prévoyois bien, quoiqu'il m'eût parlé de compte, qu'il n'en souffriroit guères; cela, dis-je, me mettant de bonne humeur, je lui répondis en badinant. Dans quel sens, Monseigneur, me faites-vous cette question ? *Dans quel sens*, reprit-il; *ma foi n'importe. Je ne la regarde pas comme une Vestale. Toi ou un autre; ses connoissances ne me font rien.* Quel goût pour un Prince ! Mais j'y étois accoutumé. Cela me paroissoit même du bel air, & ce ne fut alors que la moindre de mes pensées.

Cependant je ne jugeai pas à propos de lui dire que c'étoit celle dont je lui avois parlé dans le récit qui l'avoit mis en goût de cette même partie. C'étoit pourtant ce que j'aurois pû lui apprendre de plus clair ; mais je me contentai de lui répondre, que je ne la connoissois que pour l'avoir vu jouer quelquefois ; & que ce que je pouvois ajouter, c'est que je la croyois une des bonnes Breteuses de la Bretagne. Monsieur l'Abbé rit de tout son cœur de mon expression. *Ah ça*, ajouta-t'il, *voilà donc la mienne ; je compte d'en avoir bien assez ; c'est à vous deux maintenant à choisir celle que vous voudrez.* Monsieur du Trot jura d'abord que cela lui étoit indifférent. Moi, je ne jurai pas si fort, mais j'en dis néanmoins autant. *Je vois bien*, repliqua le Prince, *qu'il faut que j'aie la peine de tout. Je connois d'ailleurs assez vos goûts. Ainsi, si vous m'en croyez, tu prendras toi*, me dit-il, *cette jeune robe de damas vert, que je t'ai vu gracieuser par derrière ; & pour notre ami du Trot, cette Bacchante, avec son air enluminé, & son nez farcé de tabac d'Espagne.* Monsieur du Trot & moi applaudimes au choix.

Mais ce n'est pas le tout, dis-je au Prince. Je dois, Monseigneur vous avertir que le premier Banquier qui nous a taillé, est un vieux Garde-du-corps qui vous a reconnu. N'avez-vous pas remarqué que je me suis levé pour lui aller dire un mot ? Je crois, ajoutai-je, que rien ne pourroit mieux lui fermer la bouche que de l'inviter. Il est d'ailleurs facétieux, & je ne doute pas qu'il ne contribue beaucoup à la joie. *Fais*, me dit le Prince. Oh! Monseigneur, repris-je encore, graces aussi pour un Gentilhomme de mes amis qui est-là, & qui sûrement ne gâtera rien. *Tout ce que tu voudras*, repliqua-t'il.

C'étoit bien tout pour moi. Ne voulant rien de plus, je fus trouver la Maîtresse du lieu, & lui donnai en mon nom l'étiquette que je venois de recevoir. Pour elle, cela alloit sans dire. Elle se réjouit de ce que j'invitois le Garde-du-corps qui étoit son tenant; mais au lieu de sa fille, dont le Prince étoit prévenu ainsi que d'elle, je la priai de nous donner la Maîtresse du Chevalier. La tricherie importoit peu au Prince, & trop à moi pour la satisfaction de mon ami. J'aurois pu même me l'épargner si j'avois voulu ; mais sûr qu'elle ne pouvoit tirer à aucune conséquence, je la préférai à la liberté de demander. Cependant je dis à la Maîtresse de n'en rien faire connoître ; que j'avois à la vérité prévenu mes amis pour sa fille ; mais que le Chevalier, sa fidèle connoissance, ayant là sa Maîtresse, il convenoit mieux qu'elle en fût ; que sa fille sonneroit mal avec lui ; & qu'ayant chacun notre chacune, elle feroit encore une plus sotte figure si elle venoit s'isoler parmi nous.

Cette belle & bonne Matrône feignit d'entrer dans mes vues : mais soit que son vieux routier de Garde-du-corps l'eût instruite de l'honneur qu'elle avoit dans sa maison, & que sachant l'humeur galante du Prince, elle s'imaginât que les charmes de sa fille pourroient le tenter ; soit qu'elle fut dépitée d'un affront qu'elle croyoit avoir reçu, elle jura de me trahir & de découvrir ce beau pot aux roses. L'étiquette ayant été communiquée à tous ceux qui en étoient, chacun se rendit dans la salle où l'on devoit servir le souper. En attendant, Monsieur l'Abbé accosta sa Brune, ou plutôt la mienne ; Monsieur du Trot, sa Bacchante, & moi, ma robe verte. J'eusse bien voulu, toute digne qu'elle eût paru au Prince, me rendre le service que j'avois fait au Chevalier; c'est-à-dire, lui supposer ma petite Poussette; mais cela n'étoit pas praticable. Celle-ci d'ailleurs n'étoit pas assez déchirée pour ne pas souhaiter d'en tirer parti, & je n'oubliai rien de ce qui pouvoit la disposer. Pour le Chevalier & le Garde-du-corps, ils avoient depuis long-temps pris les devans, & nous abondonnèrent toute la besogne.

Enfin le souper servi, nous nous mîmes à table. Je mis Monsieur l'Abbé, par honneur pour le Clergé, au plus haut bout. Tout le reste s'ajusta de soi-même, & moi avec les autres. Le Garde-du-corps connoissant le Prince, & ignorant que le Prince le fût, n'en fut que plus divertissant. Allons, Monsieur l'Abbé, crioit-il à tous momens, vivat! Le diable m'emporte, je n'ai jamais vu un si drôle de joueur que vous! Vous avez gagné pourtant; mais c'est l'ordinaire que la fortune favorise ceux qui se moquent d'elle. Si vous êtes aussi heureux en amour, parbleu vous trouverez votre paradis dans ce monde ! *Je l'espère bien, Monsieur du corps*, répondit le Prince. Du corps, reprit le Garde. Diable, Monsieur l'Abbé, vous abrégez bien ma qualité ! Je ne suis pas seulement du corps, mais de la manche. *Hé bien, Monsieur le Garde-du-corps & de la manche*, repliqua le Prince, *qu'en dites-vous ?* Vous n'y êtes pas encore, s'écria-t'il. Du corps, de la manche, voilà un pot pourri où le diable ne connoit rien. *Si je manque*, reprit Monsieur l'Abbé, *prenez vous-en à ce Monsieur*, parlant de moi, *qui auroit dû m'instruire mieux.*

C'est donc votre faute, me dit-il en me regardant, & craignant peut-être que je n'eusse dit au Prince qu'il l'avoit reconnu. Oui, répondis-je, mais avec un signe de tête qui lui marquoit d'aller son train. En effet, le Prince se divertissoit tellement à l'entendre, qu'il l'entreprit de nouveau. *Dites-moi donc comment je dois vous appeller ? & sur-tout répondez à la question que je vous ai faite.* Vous m'appellerez, lui répondit le Garde, comme il vous plaira, du corps, de la manche, tout coup vaille. Pour votre question, Monsieur l'Abbé, ayez la bonté de me la renouveller ; car ma foi je l'ai déja oubliée. *Il s'agit*, repliqua le Prince, *du paradis, & si vous n'espérez pas comme moi de le trouver dans ce monde.* Oui, repliqua-t'il ; si au lieu de ma paye j'avois quelques bons Bénéfices comme vous : mais chez nous, c'est le diable d'enfer, nous sommes toujours Messieurs d'argent-court.

Le Prince, à l'air & aux expressions de ce facétieux corps, fit des éclats de rire à n'en pouvoir plus. Il ne les cessa que pour les reprendre au moyen de quelques nouvelles questions. *Quoi donc, Monsieur de la manche*, lui dit-il encore, *est-ce que ce titre, au-dessus sans doute de celui du corps, ne vous met pas en pied ?* Oui, parbleu ! à pied, selon le proverbe ; car je n'ai point de bidet. Il est vrai, ajouta-t'il, que j'ai comme tous les autres trente écus à la masse ; mais mon misérable Tartare seroit bien mal monté, si le Pharaon n'y suppléoit. *Tartare*, reprit le Prince. *Quel animal est-ce-là ?* C'est, Monseigneur, le nom positif de nos animaux de valets, appellés à mourir de faim avec nous. Le Prince s'abandonnant derechef à une mortelle envie de rire, auroit perdu toutes ses forces, si se renversant sur sa Brunette, elle ne lui eût peut-être rappellé qu'il devoit en conserver pour elle.

Pour nous, à qui tout ce que disoit le Garde-du-corps n'étoit pas nouveau, il ne nous divertit pas tant que le Prince, à beaucoup près. Mais notre tour vint, du moins à la plupart. Monsieur l'Abbé s'avisant de récapituler toutes les Beautés que nous avions à table, s'arrêta à la Maîtresse du Chevalier. Rien ne pouvoit mieux raccommoder la Matrône pour le tour qu'elle avoit à me jouer. *Je suppose*, lui dit-il, *Madame, que c'est-là Mademoiselle votre Fille.* Ma Fille, répondit-elle ! Vraiment, Monsieur, puisque vous me le demandez, je ne crois pas qu'il vaille la peine de vous le déguiser. Je n'en aime qu'une, ajouta-t'elle, mais qui n'est point ici, quoique peut-être elle n'eut rien gâté. *Quoi*, repliqua Monsieur l'Abbé, *ce n'est pas-là votre Fille, & nous ne l'avons pas même avec nous ? cela ne se peut.* Non assurément, interrompis-je, & Madame se moque.

Piqué du tour malin que croyoit me jouer cette femme, il me vint tout d'un coup dans l'esprit de la turlupiner, & de me venger, en la prenant pour ivre ou pour folle. Le Chevalier sentoit trop le service que je lui avois rendu, pour ne me pas seconder. Le Garde-du-corps même se divertit à nous donner la main, & nous la démontâmes. M'entendant dire qu'elle se moquoit, elle répondit brusquement: Non, non je ne me moque pas. Quoi, repris-je, ce n'est pas-là votre Fille ? Parbleu, regardez donc ! demandez, si vous ne m'en croyez pas, à elle-même, à son voisin, au vôtre. Le Chevalier prenant la balle au bond, dit : Pour moi, Madame, je jure que je ne vous en vis jamais d'autre. Et vous ? dit-il au Garde-du-corps ; Moi, répondit celui-ci ; s'il étoit plus tard, je dirois que Madame rêve. Quel courage, repliqua-t'elle en s'en prenant à lui seul. C'est vous qui rêvez, ou qui continuez à faire le fou.

Parbleu, interrompirent à la fois, Monsieur l'Abbé & Monsieur du Trot, *voilà qui est admirable* ! Nos Maîtresses se tenant les côtés de rire, n'étoient pas en état de prononcer le mot. Parlez donc vous autres, parlez, leur crioit la Matrône. Que voulez-vous qu'elles difent ? répondis-je ; elles voient bien qu'il y a du vin ou un grain de folie fur jeu. N'y pouvant plus tenir, elle fe lève avec furie, & jure qu'elle va chercher fa véritable Fille. Pendant ce temps, je découvris à Monfieur l'Abbé, & à toute la compagnie, le deffous des cartes. Comme on ne cherchoit qu'à fe divertir, on réfolut de pouffer la comédie au retour de la Matrône, & de fe la donner aux dépens de la mère & de la fille. C'eſt monfieur l'Abbé qui en fit la propofition. Un autre que le Garde-du-corps s'y fût peut-être oppofé.

Enfin toutes deux parurent. La Fille, qui s'étoit préparée dès avant le fouper pour faire affaut de charmes, & bien aife de rattraper l'occafion qu'elle avoit cru tout-à-fait perdue, entra d'un air triomphant avec une grande révérence, & plufieurs autres à droite & à gauche. Je me levai fur le champ, & courant à fa rencontre la main fous la bafque de mon jufte-au-corps, je la lui offris pour la faire avancer. Voyez, Meſſieurs, dis-je en la préfentant, fi la nature même ne jure pas contre Madame ? Quelle différence, je vous prie, de cette multitude de graces, à une stérilité qu'on n'a jamais guères pu nier? Parlez maintenant, ai-je tort ou raison? Monsieur l'Abbé prenant la parole, protesta que si la ressemblance y faisoit quelque chose, la Matrône perdoit sa cause. Quoi, monsieur l'Abbé, lui dit-elle, vous prétendriez que cette Demoiselle, en montrant la maîtresse du Chevalier, seroit plutôt ma Fille que celle-ci? *Pourquoi pas? Je ne sais même, soit dit sans offenser personne, si vous n'y gagneriez pas quelques années.* Ah! s'écria-t'elle, vous me la donnez belle? Prenez, prenez votre lorgnette, je suis sûre que vous changerez bien d'avis. *Sans lorgnette,* repliqua monsieur l'Abbé, *je vois assez que toutes deux sont aimables, mais qu'il y a pourtant de la différence d'âge.* En effet, elle étoit bien de vingt à trente années.

Cependant la Matrône soutint effrontément qu'il y avoit parité; mais comme ce n'étoit pas de quoi il s'agissoit, on revint à la première dispute. Chacun dit son mot; mais par malheur pour monsieur l'Abbé, qu'on auroit à plus d'un égard voulu persuader, il rentra en lice & eut son paquet.

Vous

Vous avez beau vous échauffer, dit-il à la Matrône, *personne ne vous en croira. Pour moi, à votre place, il m'importeroit peu qui l'on voudroit me donner pour Fille, & j'aimerois mieux croire tout le monde ivre, que de m'exposer à le paroître.* C'est-à-dire donc, monsieur l'Abbé, que ces extravagans l'ont emporté ; qu'ils connoissent ma Fille mieux que moi, & que vous adoptez avec eux celle qui ne l'est pas ? *Je me range toujours du côté du plus fort*, répondit monsieur l'Abbé. Fort, tant qu'il vous plaira, repliqua-t-elle : Et moi je vous dis que celle qu'ils veulent faire passer pour ma Fille, ne l'est pas plus que le diable, ni que vous n'êtes bon Ecclésiastique.

Monsieur l'Abbé fut le premier à rire de cet emportement ; mais le Garde-du-corps craignant qu'il n'allât plus loin, se leva, & prenant sa vieille Putifar, pardessous le bras, il l'emmena avec sa peneuse de Fille. Lorsqu'elles furent disparues, nous perdîmes en même-temps la dispute de vue. C'étoit le tour de l'amour. On en vint aux escarmouches, & de-là au combat. Ce ne fut pourtant pas sans obstacle. La Matrône n'étoit pas-là pour régler les

Tome I. K

assauts, & donner à chacun en particulier son champ de bataille. Monsieur du Trot s'y escrima sans façon. Mais les autres n'aimant pas les coups d'éclat, suspendoient leur bravoure. Pour remédier à cette espèce de lâcheté, je criai: Souvenez-vous, monsieur l'Abbé, que pour faire feu, on l'éteint ici quelquefois. Je ne voulois pas le faire sans sa permission. *Le peut-on*, me dit-il ? Oui ; je réponds de tout. Sans balancer, il éteignit la lumière la plus près de lui. D'un souffle je fis le reste, à l'exception d'une pourtant, que je mis sous la table, mais qui ne pouvoit guères troubler le mistère.

La parole nous étant revenue à tous, elle servit de signe pour retirer de dessous la table ma sombre lueur. Je la pris & ranimant toute la salle, nous tâchâmes d'en faire autant, en nous humectant de quelques verres de Champagne. Malgré ce spécifique, nous ne parlâmes plus que de nous retirer. Je dis au Chevalier de voir après la Matrône. Jamais elle ne voulut paroître. Pour le Garde-du-corps, il vint se montrer. C'est à lui que nous adressâmes nos bons soirs. Il les reçut pour la

Matrône, de ceux qui voulurent l'en charger. Cela fait, & sur-tout après avoir payé la carte qu'il m'avoit apporté, nous gagnâmes l'escalier avec nos Maîtresses, que nous reconduisîmes chez elles.

Le Prince & l'Abbé remplissant avec les leurs le carrosse qui nous avoit amenés, je pris un fiacre pour la miennne. Le Chevalier y monta seul avec nous. Je dis seul, parce que sa Maîtresse, pensionnaire de la Matrône, étoit demeurée. Je fus ravi d'être à moi, pour me donner à lui jusqu'au lendemain. Ayant remis ma robe verte à son domicile, nous fûmes chez lui pour reposer. C'est néanmoins ce que nous ne fîmes guères. Nous passâmes la plus grande partie de la nuit à causer & à nous divertir de ce qui s'étoit passé. Rien n'est plus doux que cette ouverture de cœur entre deux amis qui s'aiment. Je puis dire que cent fois ce plaisir m'a ravi avec le Chevalier: mais s'il est tel entre deux amis de débauche, que n'est-il pas entre deux amis vertueux, ou revenus du vice? Je l'ai quelquefois éprouvé; c'est chose incomparable.

Après avoir savouré, le Chevalier &

moi, ce plaisir de la vie, je le quittai le matin pour me rendre au Palais-Royal. En passant, j'entrai chez mon oncle, pour lui donner le bon jour, & voir comment il se portoit. Je le trouvai si dispos, que pour le fortifier encore, je le réjouis du récit de notre partie. Tout-à-fait en belle humeur, il s'habilla pour venir prendre congé du Prince. Nous arrivâmes, & le prîmes à son lever. *Bon jour*, dit-il, *oncle & neveu. Quel vent vous amène ; surtout si matin ?* La question, Monseigneur, répondit mon oncle, me regarde sans doute. Je viens, continua-t'il, recevoir vos ordres, & prendre congé pour la campagne. Ah ! ah ! dit le Prince, *vous me faites souvenir que la saison m'invite à y aller moi-même, mais d'une façon bien différente. Vous y allez pour acquérir de la gloire, & moi pour planter des choux. Ainsi le veut le destin*, continua-t'il ; *mais il changera peut-être, du moins je l'espère.*

Le Prince, brave assurément, & qui auroit pu se signaler à la guerre, gémissoit du sort qui l'arrêtoit. Chacun sait pourquoi & comment : ainsi sans en faire mention, je ne m'arrêterai qu'aux gracieuses bontés qu'il marqua à mon cher oncle. *Je vous souhaite*, lui dit-il, *tout l'honneur que je ne puis acquérir: ce sont, comme vous devez savoir, les occasions qui font les Héros; vous les avez, & je ne doute pas que dans votre sphère, vous n'en profitiez beaucoup mieux que je n'oserois me le promettre.* Que dites-vous-là, Monseigneur, répondit mon oncle? Je me croirois insulté, si je ne savois que vous n'êtes pas moins obligeant que grand Capitaine. *Ce n'est qu'en vous suivant*, continua-t'il, *qu'on pourroit se promettre quelque chose. Toute l'armée le dit avec moi, & j'en ai pardessus la plupart une manifeste expérience.*

En effet, mon oncle avoit servi sous le Prince, dans le temps qu'une mauvaise politique ne l'empêcha pas de montrer ses talens guerriers. Ce qu'on a vu de lui dans les affaires, on l'auroit certainement vu à la tête des Armées. Enfin, jamais comparaison ne fut peut-être plus juste que celle que j'ai fait de Philippe, Duc d'Orléans, avec Jules-César. Ce sont, comme il vient de le dire lui-même,

K iij

les occasions qui font les grands hommes. S'il eut eu des Gaules à conquérir, je ne doute pas que l'Histoire ne le plaçât à côté de César, tant pour la guerre que pour le cabinet, & malheureusement pour les vices. Il confirma ce que mon oncle lui disoit de son caractère, par les adieux les plus tendres, & une fraternité véritablement héroïque & guerrière. Il y mit le comble en l'embrassant, & en m'accordant, sans en être requis, un congé jusqu'à ce qu'il partit.

Mon oncle, pénétré de l'affabilité du Prince, se retira ; & moi, qui n'avois rien de plus doux que de profiter de mon congé, je le suivis. J'étois alors incapable de certaines réflexions ; mais dès que nous fûmes seuls, mon oncle m'en communiqua, que je me suis souvent rappellé depuis. Comment, me dit-il parlant du Prince, concevoir tant de haut & de bas, tant de qualités & tant de vices, tant de grandeur d'ame & tant de bassesse ? En effet, cela paroîtroit inconcevable, si l'histoire ne fourmilloit pour ainsi dire de pareils exemples, & si l'expérience ne le démontroit tous les jours. Cela prouve, selon moi, cette admirable union d'esprit & de matière. Ces deux parties de notre individu suivent séparément les penchans de leurs domaines, & d'autres où ils se relèvent quelquefois tour à tour.

Mon oncle m'emmena avec lui faire plusieurs visites, & entr'autres chez Monsieur le Comte d'J..... & chez Madame la Comtesse de C..... Mes grandes dissipations me les avoient fait négliger depuis quelque temps. Tous deux m'en firent des reproches, mais particuliérement Madame la Comtesse, qui m'accusa de tenir un peu de l'inconstance & du goût de mon illustre maître. Je m'excusai sur ce que je ne l'étois pas moi-même ; mais dans le fond je ne crois pas qu'aucune Dame se soit jamais bien trouvée des avances qu'elle pouvoit avoir faites. Les hommes sont des animaux si bizarres, qu'ils ne cultivent volontiers que ce qui est de leur choix, ou que ce qu'ils craignent de perdre. C'étoit mon cas avec Madame la Comtesse. Je l'eusse peut-être aimée davantage, si elle avoit paru m'aimer moins, & vu plus souvent si elle ne m'avoit pas tant fait la guerre. Je crois qu'à moins d'une forte inclination, le cas est aussi ordinaire qu'il devroit avec raison l'être peu.

Après mes excuses & des promesses de réparer le passé, nous sortîmes de chez Madame la Comtesse. Le soir mon oncle m'emmena chez lui. Son quartier faisoit mes délices ; c'étoit le lieu de mes épanchemens de cœur. Pendant huit jours qu'il différa son départ, j'en avois presque sans cesse, tantôt avec lui, tantôt avec le Chevalier, & souvent avec tous deux. Quoique ma petite Poussette ne demeurât pas loin de-là, je ne la vis que pour l'exhorter à la patience, & lui promettre que je la verrois bientôt mieux. Je visitai aussi mes anciens camarades de manége, que j'avois fort négligés. Je n'avois pas même encore remercié la Guérinière, & je le fis avec mon oncle, qui ne voulut pas partir sans joindre ses remerciemens aux miens, & lui dire adieu. Enfin le fatal moment arriva. J'entends celui où pour la dernière fois de ma vie j'embrassai ce cher oncle, que je ne chérissois pas moins que je le devois.

La peine qu'il m'avoit vu souffrir en me communiquant son funeste pressentiment, l'empêcha de me le renouveller. Je pouvois voir qu'il se faisoit cette violence, lorsqu'il me serra dans ses bras, comme il avoit fait huit jours auparavant. Ce n'étoit pas quelques larmes prêtes à couler, mais un torrent, qui m'en fit verser un à moi-même, & dont nous nous inondâmes. Le Chevalier, témoin, ne put s'empêcher d'en répandre avec nous. Hélas! deux motifs l'y engageoient. L'intérêt qu'il prenoit à ce qu'il y avoit de plus sensible pour moi, & le désespoir de n'avoir rien de pareil à craindre pour lui. Mon oncle passant plusieurs fois de moi à lui pour l'embrasser, il goûtoit en quelque sorte ce qu'il n'osoit espérer. Prêt à partir enfin, il nous répéta à tous deux la même morale qu'il m'avoit déjà prêchée. Pour vous, dit-il au Chevalier, je crois que vous avez beaucoup moins à craindre que mon neveu. Votre tempérament m'a toujours paru plus heureux. Cependant l'avis convient également à tous les jeunes gens, c'est pourquoi je vous le donne en commun. Des chevaux de poste l'attendant à sa porte, il descendit. Ce fut-là que nous donnant à chacun la main, je le vis disparoître pour jamais.

Je ne sais comment je dois appeller l'état où il me laissa. Il y avoit quelque chose de plus qu'un pressentiment. Ma douleur étoit si vive, qu'elle marquoit une espèce de certitude du malheureux sort qui attendoit mon cher oncle. Le Chevalier, quoiqu'affligé lui-même, s'empressa de me consoler. Je ne pouvois l'être, & je ne le fus en effet qu'avec le temps, ou plutôt par la dissipation, ennemie du chagrin. Pour y faire divorce, je proposai à mon ami d'aller faire sceller un cheval, & d'en demander un pour moi à la Guérinière. Nous fûmes au Bois de Boulogne ; mais tant en allant qu'en revenant, j'éprouvai ce que dit Boileau, que

Le chagrin monte en croupe & galoppe avec nous.

Si mon oncle étoit mort, je crois que je serois mort avec lui. Mais, soit l'absence ou ma constance, ou soit qu'un coup venu de loin ne fasse pas la même impression, lorsque j'appris trois ou quatre mois après qu'il avoit été tué, ce départ, quoique violent & éternel, ne me fut pas à beaucoup près aussi sensible que l'avoit été celui-ci.

Le Chevalier voyant que cette première dissipation n'avoit produit aucun effet, m'en proposa plusieurs autres. Je les rejettai toutes, sans même excepter ma petite Poussette. Il n'y a point de doute que je n'eusse été bien plus de temps à me consoler, si, retournant au Palais-Royal, le Prince n'en eût lui-même pris soin. Mon air triste & abattu le toucha. *Qu'as-tu ?* me dit-il en me voyant ; *il semble que tu viennes d'enterrer tous tes parens.* Autant vaut, Monseigneur, lui répondis-je ; du moins je ne crois pas qu'on pourroit être plus affligé. *Aurois-tu donc quelque chose de plus que le départ de ton oncle ?* Non, Monseigneur, & je trouve que c'est bien assez. Il n'est pas seulement parti, continuai-je, mais je ne le reverrai plus. Il me l'a dit, & le cœur me le répète sans cesse. *Sur quoi fondé ?* repliqua le Prince, *& ce qu'il t'a dit, & ce que tu en crois ? Est-ce que quelqu'un vous a juré à tous deux que l'ennemi le tuera ?* Non, Monseigneur ; c'est quelque chose de plus qu'une voix humaine.

Quoi encore ? Eſt-ce l'ennemi qui s'eſt révélé à toi ou à lui ? Je le crois. *Pauvre innocent ! Va, va, ce n'eſt plus le temps où l'on ſe berſe de pareilles fadaiſes ; il faut les renvoyer à ta nourrice. Encore peut-être ſeroit-elle plus ſage que toi, & qu'elle attendroit le coup pour crier. Crois-moi, il faut mourir, c'eſt le pire que j'y ſache : mais s'inquiéter de la mort ou l'avancer, dans la crainte qu'elle n'arrive, c'eſt ſe loger aux petites-maiſons. Conſole-toi, te dis-je, & ne ſonge à la mort que pour profiter de la vie.* Il ne manquoit à ces dernières paroles que le ſens pour être les plus juſtes qu'on ait jamais prononcées. Je n'oſe les enviſager dans celui que les diſoit le Prince. Heureux ceux qui en lèvent l'équivoque par une conduite oppoſée à la ſienne.

Novice à recevoir ces ſortes de conſolations, ſur-tout émanées de la bouche d'un grand Prince, je commençai à me tranquilliſer. C'eſt ce qu'il y avoit encore d'admirable dans mon illuſtre maître. Tour-à-tour, il n'étoit pas moins impoſant dans certains cas, que peu en d'autres. Je le remerciai des marques de ſa bonté, & lui promis d'en faire ufage. Cependant un refte de mélancolie me tracaffa encore affez long-temps. L'Abbé ne ceffoit de m'en faire la guerre. Pour le diffiper tout-à-fait, il me propofa une partie qu'il avoit maquillonnée. C'étoit enfin une de fes découvertes au Palais. Après lui, le Prince m'en parla. Il s'agiffoit de démonter, par la rufe ou de bonne guerre, un riche marchand de Clinquaillerie, dont la femme, plus brillante que tout fon clinquant, avoit frappé les yeux de l'Abbé.

Le Prince, animé par le plaifir que lui avoit donné fa conquête du Charnier, ne jugea pas même à propos de m'envoyer cette fois reconnoître le terrain. Peut-être craignoit-il que n'étant pas en trop bonne affiette, je n'euffe, comme à l'égard de la Grifette, les yeux dans la poche. C'eft ce qui feroit certainement arrivé, non-feulement de l'indifférence que provoquoit ma mélancolie, mais d'une efpèce d'inftinct, qui avant même que d'être appuyé de la raifon, me donnoit une efpèce d'horreur pour l'abus de la femme d'autrui. Malgré l'air & la mode, je trouve que s'il y a quatre degrés de crime dans un commerce d'Agens libres, il y en a dix pour ceux qui ne le font pas.

Le Prince ne s'embarrassant rien moins que de cette arithmétique, ne convoitoit que la découverte de l'Abbé. Selon son rapport, la belle Clinquaillière n'étoit pas moins coquette, le mari avare, mais jaloux, ce qui rendoit l'assaut difficile & la victoire fort incertaine. Plus d'obstacles, plus de gloire. Sans se rebuter, on résolut de faire tomber une pluie d'or, non sur la Danaé, mais sur son Argus; que pour cette effet, le Prince se déguiseroit en marchand Clinquaillier venu de Province; que je passerois pour son neveu; & que l'Abbé, déjà en train de connoissance, nous introduiroit comme pour faire des emplettes. Cette résolution prise, on ne songea qu'à se travestir d'une façon convenable & à s'accorder sur les noms.

Le Prince s'étoit si bien trouvé de celui de Lucas, qu'il le prit encore. Ce nom auroit pu me servir également; mais l'Abbé, à qui j'avois donné auparavant celui de Monsieur du Trot, voulut avoir sa revanche & me baptisa, Galopin.....
Galopin, interrompit le Prince, *je ne*

veux pas qu'il *se nomme ainsi ?* Pourquoi pas, Monseigneur ? répondis-je. Permettez seulement qu'il continue le nom que je lui ai déjà donné, s'il en a besoin, comme il est apparent pour peu que l'intrigue dure : Du Bois ne peut jamais aller, sur-tout après une petite aventure que je sais. *Comment donc,* repliqua le Prince ? *Y a-t-il quelque chose de nouveau ! Seroit-il encore plus décrié que je ne le pense !* Cela se pourroit, Monseigneur ; car je crains qu'il ne se fâche. *Bon, bon,* assura le Prince, *dis toujours, & je réponds du reste.* Parlerai-je, m'adressai-je encore à l'Abbé ? *Oui,* répondit-il, *que m'importe.*

Ecoutez donc, mon cher ami, écoutez, lui répétai-je, combien votre réputation flaire le baume. Il y a trois ou quatre semaines qu'une célèbre Poissonnière fit sauter un maquereau, & le plaqua sur sa porte. Une de ses voisines surprise, lui demanda à quoi bon ce maquereau-là ? Hélas ! lui répondit-elle, tu es bien sotte : ne vois tu donc pas que c'est Du Bois ? De bouche en bouche l'histoire courut dans tout Paris. Tout le monde fut qu'il y avoit quelque part un maqu[ereau] Du Bois, chacun s'en donna de gar[de]. Ainsi jugez, continuai-je en m'adres[sant] au Prince, jugez, Monseigneur, ce ne seroit pas gâter absolument nos a[f]faires, que de ne pas lui faire chang[er] de nom. Le Prince, éclatant de rire, ju[gea] que oui. L'Abbé n'en fit pas moins contr[e] moi, & sur-tout contre la Poissonnièr[e] & l'histoire, qui dans le fond étoit vrai.

Le Prince, sous le nom & les habi[ts] de Lucas, l'Abbé malgré bon gré so[us] celui de du Trot, & moi, Monsieur Ga[l]lopin, nous galoppâmes au Palais. Ce q[ui] m'agréoit le moins, c'est que n'ayan[t] d'habit convenable qu'un surtout de vi[nai]gre, je sentis bientôt, quoiqu'à l'en[t]rée du Printemps, un froid mortel. Cela, avec le reste, ne me disposoit pas trop. Cependant il fallut encore, chemin fai[s]ant, traiter de notre début. Nous le concertâmes, & arrivâmes enfin chez le Clinquaillier. Je le nommerois, s'il n'étoit connu au-delà même de la République du Palais, & si je ne craignois de faire de la peine à lui & à sa chère moitié, qui peut-être vivent encore,

Nous ne les trouvâmes ni l'un ni l'autre à leur boutique. Deux filles seulement étaloient pour attirer la pratique, & nous reçurent. L'une d'elles, apprenant de quoi il étoit question, s'échappa promptement, & alla avertir son maitre & sa maîtresse. En attendant, Monsieur Lucas se mit à en conter à celle qui restoit. Le Clinquaillier & la Clinquaillière arrivant, Monsieur l'Abbé du Trot les salue comme gens de connoissance. Voici, leur dit-il, deux Messieurs, oncle & neveu, que je vous amène. Tous deux m'ont été adressés de Province. L'un, en montrant monsieur Lucas, est un marchand Clinquaillier, mais qui non moins étoffé que vous, n'a pas besoin de grand'chose. Pour l'autre, c'est un jeune homme, comme vous voyez, apprentif de son oncle, & qui voulant se marier a besoin d'une grande partie de votre boutique pour lever la sienne. Il a de l'argent, ajouta-t'il, & vous serez payé comptant. A ces mots, l'Avare ne fit des questions, que pour demander s'il falloit des assortimens. *Oui, oui,* répondit Monsieur Lucas, *& des plus complets même.*

Là-dessus le Clinquaillier fit apporter, & montra lui-même avec sa femme plusieurs grandes boëtes bien assorties. Je vous défie, Messieurs, dit-il, que vous trouviez nulle part ce que vous voyez ici. Admirez, considérez. *Oh ! répondit Monsieur Lucas, je conviens que depuis que je suis dans le négoce, je ne vis rien de pareil. Hé bien*, ajouta-t'il, *que demandez-vous de tout cela ?* Un petit moment, répondit le marchand, je vais vous faire voir ma facture ; & comme il faut que vous y gagniez, vous ferez vous-même le calcul, & je me contente de quinze pour cent. Pendant que le Clinquaillier alla chercher sa facture, monsieur Lucas employa le temps à considérer & à faire l'agréable auprès de madame la Clinquaillière. J'avouerai qu'elle se croyoit non-seulement une des beautés du Palais, où l'on a soin de les ramasser, mais de tout Paris. Quoique l'Abbé prétendît qu'elle fût coquette, c'est ce que d'abord je remarquai le moins. Cependant elle l'étoit, & son air & ses manières, comme elle le fit bientôt voir, n'étoient qu'un joug que lui imposoit la jalousie de son mari. Peut-être se fût-elle démasquée, si son tyran eût un peu plus tardé; mais pressé par la soif du gain, il ne la laissa pas plus d'un quart-d'heure libre avec nous.

Vous voilà déjà, Monsieur, lui dit Monsieur Lucas. *Vous êtes un homme d'ordre apparemment, puisque vous trouvez si-tôt vos affaires.* Il faut bien, répondit-il; autrement que devenir? Les gains sont si petits, les dépenses si grosses, que pour peu que le désordre s'en mêlât, il faudroit bientôt lever le pied. *Bon, pour quelque petit Marchand de balle*, repliqua Monsieur Lucas; *mais pour un homme aussi foncé que vous, je ne crois pas qu'il courût grand risque à laisser aller les choses un peu à l'aventure.* Point d'aventure chez moi, reprit-il; femme, domestiques, affaires, tout doit se ranger: n'en est-il pas de même chez vous? *Ma foi pas tout-à-fait*, répondit Monsieur Lucas. *Je tâche seulement de ranger mes affaires; & pour le reste, je le laisse à ma femme. Vous êtes marié aussi sans doute; & si je ne me trompe, c'est-là Madame votre épouse?* Oui, repliqua-t'il séchement; mais ce n'est pas de quoi il est question; voici,

Monsieur, ma facture; examinez, rien de plus juste.

Monsieur Lucas prit, examina, ou du moins en fit le semblant. *Fort bien, Monsieur,* dit-il ensuite; *mais quinze pour cent, n'est-ce pas un peu trop ?* Je n'en rabattrai pas un liard, jura-t'il; c'est à vous à prendre ou à laisser. *Faisons mieux,* reprit monsieur Lucas; *tenez, je n'aime point à barguigner; que Madame votre épouse décide, & j'en passe par ce qu'elle dira.* Hé bien, répliqua l'Avare, qui sans cela peut-être n'auroit pas voulu qu'elle déserrât les dents; qu'elle parle, j'y consens. On s'imagine bien quelle fut la décision de l'arbitre. C'étoit un trait de galanterie de monsieur Lucas, qui remué jusqu'au fond de l'ame, eût sacrifié le Palais-Royal pour arriver à son but.

La belle Clinquaillière, trop instruite pour ne pas s'accorder avec son cher mari, n'ouvrit la bouche que pour clorre le marché. Tous trois ne songeoient qu'à duper, & tous trois le furent en effet. Monsieur Lucas poussant la générosité à un point qui auroit dû faire ouvrir les yeux à tout autre qu'un jaloux, s'il n'eût encore été plus avare, donna d'abord mille piſtoles d'arrhes. Il eſt vrai que la marchandiſe que nous avions vue montoit au-delà. Cependant cette ſomme, au lieu de réveiller la jalouſie du Marchand, l'endormit tellement, qu'il s'oublia juſqu'à nous inviter à ſouper. Monſieur Lucas ne ſe fit pas plus tirer l'oreille, que l'autre pour recevoir ſon argent. De la boutique, le Clinquaillier & ſa femme nous firent paſſer dans leur logis. Là on nous ſervit des rafraîchiſſemens; & en attendant le ſouper on ſe mit à jouer.

Le digne Clinquaillier, plein du mérite que nous donnoient dans ſon eſprit les mille piſtoles, nous laiſſa ſa femme pour veiller au régal. Ce fut alors que l'on vit la Coquette. Monſieur Lucas s'appliqua ſi bien à jouer ſon rôle, que l'honneur de notre hôte étoit prêt à lever l'ancre, avant qu'il s'apperçut ſeulement du danger. Je ne doute pas que parmi les attraits que la Coquette trouvoit dans monſieur Lucas, elle ne fît un grand cas de ſon adreſſe à ménager le naufrage. C'étoit l'homme qu'il lui falloit; & avant même que de quitter le jeu, les yeux, les pieds & les mains avoient joué tour-à-tour. Si l'Argus paroiſſoit, tout ceſſoit, juſqu'aux politeſſes les plus ordinaires.

Enfin le ſouper fut ſervi, & la joie étoit répandue preſque dans tous les cœurs; mais l'Argus ſeul oſoit ſe donner carrière. Il s'empara tellement de la converſation, qu'il n'y en avoit que pour lui. L'unique plaiſir qu'il nous donna, c'eſt que buvant à la ſanté de l'épouſe de monſieur Lucas, celui-ci en remerciant fit de ſa prétendue femme, un portrait & un éloge où le Clinquaillier fut le ſeul qui ne reconnût point ſa Clinquaillière. Elle-même jetoit ſous cappe des œillades à monſieur Lucas, où tous les deux trouvoient leur ſatisfaction.

Entre la poire & le fromage, notre Marchand plus gai encore, nous fit perdre un peu de notre retenue. Nous bûmes à ſes amours conjugales. Peut-être nous fuſſions-nous échappé juſqu'à le féliciter ſur ſon bon goût, s'il ne nous eût interrompu pour ſe féliciter lui-même à monſieur Lucas de l'honneur de ſa connoiſſance, & lui demander ſa demeure. Vive, dit-il, un galant-homme comme vous! Morbleu! je ne veux pas ſeulement vous aller voir ici, mais ſi ma correspondance vous fait plaisir, je vous l'offre à vous, à monsieur votre neveu; & sans vous donner la peine de venir peut-être de fort loin, je vous enverrai désormais tout ce qu'il y aura de plus nouveau & de mieux travaillé. *Cela est fort obligeant*, répondit Monsieur Lucas; *mais nous parlerons de cela une autre fois.* Le délai qu'il demandoit, venoit de ce qu'il ne savoit que répondre, sur-tout sur l'article de sa demeure. En effet, nous n'y avions pas pourvu.

Le Clinquaillier revenant à la charge, l'embarras redoubla. Qu'y a-t'il donc, dit-il, voyant que Monsieur Lucas biaisoit? Est-ce que vous ne sauriez pas le nom de votre Auberge? Cela ne fait rien, ajouta-t'il; dites-moi seulement la rue ou le quartier. Monsieur Lucas poussé à bout, & n'osant s'adresser ni à l'Abbé, ni à moi, dans la crainte que nous ne puissions le tirer d'affaire, fit semblant de chercher, & revenant comme à soi, il dit: *Ma foi, je ne sais; c'est-là quelque part; demain je vous le dirai.* Pendant ce temps, l'Abbé sur les épines, se tuoit de chercher. A la fin, il trouva, & bien lui en prit;

car le malheureux Clinquaillier, qui avoit comme juré de nous démonter tous trois, s'adressa à moi, & sur-tout à l'Abbé, po[ur] être satisfait. Je vous attendois, répondi[t] celui-ci. Pourquoi ne pas vous adresse[r] tout-d'un-coup à moi ? Il eut été bie[n] plus naturel, ce me semble, puisque j[e] suis habitué dans cette Ville.

Ces Messieurs, continua-t'il, sont lo[gés] à la Croix-de-Fer dans la rue St. Den[is] Bon, bon, répondit le Clinquaillier, je fais déjà où c'est. Parbleu, ajouta-t'il vous avez bien raison, Monsieur l'Abbé c'est à vous sans doute que je devois m'[a]dresser. Cette faute m'en rappelle une autre, & pour les réparer toutes deux, j[e] ne vous remercie pas seulement de m'ap prendre la demeure de ces Messieurs, ma[is] de m'avoir procuré leur digne connoissance. Il ne faut rien pour cela, répondi[t] l'Abbé, ni même quand il y auroit davantage. C'est déja bien assez, repliqu[a] le Clinquaillier ; & je m'étonne seulement que depuis quelques jours de connoissance vous m'ayez voulu tant de bien. Je n'oublierai rien pour vous en témoigner ma gratitude. Peut-être n'ignorez-vous pa[s] que

que je fais où fe tient la Feuille des Bénéfices, & que je pourrois quelquefois y faire coucher votre nom ; mais, ajouta-t'il, ma foi je ne le fais pas. Du Trot, Monfieur, m'écriai-je, du Trot. *Le voilà*, repliqua l'Abbé, *& j'en remercie à mon tour Monfieur Galopin*. Galopin ! interrompit le Clinquaillier. Monfieur, n'eft-il donc pas le neveu de monfieur Lucas ? Oui, fans doute, repliqua l'Abbé, mais du côté de Madame fon époufe. Je vous avoue, repliqua le Marchand d'un air badin, que du Trot & Galopin ont tant de rapport, que l'on auroit moins de peine à vous prendre tous deux pour oncle & neveu.

La converfation finiffant par cette plaifanterie, il fut queftion de fe retirer. Le Clinquaillier demanda fi nous voulions voir mettre nos marchandifes en caiffe. Monfieur Lucas répondit que non, qu'on s'en fioit bien à lui ; mais que nous viendrions le lendemain les faire enlever, ou du moins apporter de nos nouvelles. Il voulut nous donner un reçu des mille piftoles ; nous le refufâmes encore. Enfin, lui pénétré de notre manière d'agir

& monsieur Lucas des charmes de sa femme, nous nous quittâmes sur la promesse de nous revoir. En sortant, monsieur Lucas s'émancipa à dire qu'en Province c'étoit un crime de lèze-mari que de ne pas embrasser les femmes. Il s'avança sans attendre la réponse du jaloux; & le mal déjà fait, il y consentit.

Ayant gagné la porte, où il avoit ordonné de nous attendre, nous nous rendîmes du Palais Marchand au Palais-Royal. Comme nous nous étions retirés à heure bourgeoise, le Prince voulut avant que de se coucher, conférer sur la suite de son intrigue. *Dût-il m'en coûter dix mille pistoles au lieu de mille, je veux,* dit-il, *en venir à bout. Tu triomphes, l'Abbé,* s'écria-t'il, *& te surpasses de jour en jour. C'est une beauté que cette femme; mais comment l'avoir?* Il y a toute apparence, répondit l'Abbé, que demain le mari ira à la Croix-de-Fer que je lui ai indiquée. D'y aller attendre, vous ne le pouvez; mais ce sera l'affaire du Chevalier. Qu'il y aille dès le matin. Pour le rôle, il n'est pas si difficile; laissons-le lui, & venons au reste.

Le Prince & l'Abbé, épluchant cette sublime matière, conclurent que j'arrêterois le Clinquaillier à souper, si je le pouvois ; que je lui ferois au moins promettre pour un autre jour ; mais que quoi qu'il arrivât, j'en donnerois toujours avis ; que pendant ce temps-là le Prince iroit chez la Clinquaillière ; & qu'autant qu'on peut être sûr d'une victoire, il l'étoit de celle là. Les choses ainsi arrêtées, le Prince se mit au lit, & j'en fus faire autant, sans être trop satisfait.

Le matin l'Abbé vint m'éveiller, & m'amena le même valet-de-chambre qui nous avoit accompagné à la conquête de Gothon la Grisette. Cette précaution venoit de l'Abbé, qui ayant peur que je ne manquasse mon coup, venoit non-seulement m'éveiller, mais encore me donner son homme d'expédition pour les nouvelles qui surviendroient. Je me levai. Obligé de reprendre mon habit de vinaigre, je pestai contre la commission ; mais une pensée qui me vint, me la rendit en quelque sorte plus agréable : ce fut d'envoyer chercher le Chevalier d'Arcis pour me tenir compagnie. Consolé par cette idée, je congédiai l'Abbé; & aussi-tôt que je me trouvai seul, j'envoyai le valet-de-chambre au Chevalier, le prier de venir me trouver à la Croix-de-Fer. C'en étoit une à tous égards pour moi. Cependant je m'y rendis, & une heure après mon ami vint l'adoucir. Que diable fais-tu ici, me dit-il en me voyant ? Hélas! mon cher, lui répondis-je, j'y suis pour mes péchés.

S'étant assis, je lui racontai l'histoire. Vois, ajoutai-je, le beau plaisir pour moi, si tu n'étois venu me dédommager. Il m'apprit d'abord qu'il connoissoit le Clinquaillier, qu'il étoit même de ses pratiques. N'importe, lui répondis-je, aide-moi seulement à l'attendre & à le supporter. Depuis dix à onze heures du matin jusqu'à six du soir, je ne vis personne. Prêt à perdre patience, mon homme arriva. Le bon ordre que j'avois mis dans l'Auberge, fit qu'on me l'amena sans difficulté. Faisant contre fortune bon cœur, je le reçus trop bien pour son honneur; & le Chevalier, loin de rien gâter, contribua beaucoup à ourdir la trame de son infamie. Il n'y a point de doute que si nous y avions bien réfléchi, nous n'eussions craint de nous déshonorer nous-mêmes ; mais tel est le malheur des jeunes gens, d'être pleins d'idées tortues, & de trouver la plupart du temps une espèce de gloire dans leur plus grande honte.

Le Clinquaillier appercevant le Chevalier, s'étonna. Comment donc, Monsieur, lui dit-il ? Je ne croyois pas que votre commerce s'étendit jusqu'en Province. Il le faut pourtant, car autrement d'où connoîtriez-vous Monsieur ? Point du tout, répondit le Chevalier, notre connoissance vient seulement de nous être trouvés ce matin au Café. Monsieur m'a invité à le venir voir, & voilà pourquoi vous me trouvez avec lui. Mais vous, Monsieur, continua le Chevalier, quel heureux hasard vous amène ici ? Notre connoissance, reprit le Clinquaillier, est un peu mieux fondée. Hier je fis affaire avec Monsieur, & un oncle que je regrette de ne pas voir, comme je m'en étois flatté.

Cela est vrai, répondis-je ; mais je l'attends pour aller ensemble vous trouver, selon notre promesse d'hier. J'en suis ravi, repliqua le Clinquaillier. Je comptois en effet de vous amener tous deux, ou de régler ici enſemble, ſi vous l'aviez mieux aimé. Je ne ſais ce qui l'engageoit à parler ainſi ; mais prenant la balle au bond, je lui dis que mon oncle ſeroit charmé de régler, & ſur-tout d'avoir l'honneur de le poſſéder à ſouper en repréſailles de l'honneur qu'il nous avoit fait la veille. Il s'en défendit, mais le Chevalier que j'invitai en même-temps que lui, fut ſi bien le perſuader, qu'il promit.

Là-deſſus, je courus à mon valet-de-chambre, & lui donnai l'ordre. J'en fis autant pour le ſouper, & rejoignant mon Clinquaillier, je ne ſongeai qu'à l'amuſer. Je lui propoſai d'abord de jouer. Fi, me dit-il, c'eſt un commerce auquel je ne me livre que le moins que je puis ; c'eſt pourquoi vous vîtes hier que je vous l'abandonnai, & à ma femme, qui malheureuſement ne l'aime que trop. Ah ! quel tréſor, m'écriai-je, que Madame votre épouſe ! & que celle que j'ai en vue ne lui reſſemble-t'elle ! Diable, Monſieur, interrompit le Clinquaillier, pour un Provincial vous n'êtes pas de mauvais goût. Savez-vous que c'eſt une beauté que la Dame dont vous parlez ? Vous n'êtes que de jeunes gens : c'est la vertu qui est belle, & qui seule peut flatter. Ma femme, telle que vous la connoissez, n'auroit aucun attrait pour moi, si je ne la croyois encore plus vertueuse que belle. Pauvre sot ! sa femme n'étoit qu'une coquette, la plus impudente qui ait jamais été, ainsi qu'on va le voir.

Pour suppléer au jeu, je fis apporter le meilleur vin, & nous en égayant de temps en temps, nous fîmes, le Chevalier & moi, mille contes à notre Clinquaillier. Malgré l'inquiétude où il étoit, & à l'égard de mon prétendu oncle, & peut-être de sa femme, il s'étonna lorsqu'on vint nous servir à souper. Quoi, dit-il, déjà si tard ? & où est donc Monsieur Lucas ? Mettons-nous toujours à table, répondis-je. Quelques affaires le retiennent apparemment ; il viendra. Mais, reprit-il, puisqu'il songeoit à me tenir parole, ne seroit-il pas chez moi, par hasard ? Peut-être aura-t'il été trouver l'Abbé, & que tous deux seront à m'attendre. Non, non, repliquai-je : s'il n'est pas en affaire, il ne peut être qu'à l'Opéra, où je me rappelle que l'Abbé en effet vouloit le mener.

C'est cela sans doute, interrompit le Chevalier. L'Opéra ne finit qu'environ à neuf heures & demie, & il en sera près de dix avant qu'il arrive.

Nous nous mîmes à table; mais l'inquiétude de notre jaloux m'en donnoit une mortelle. A chaque minute, pour ainsi dire, il tiroit sa montre. Dix heures approchant, mon homme se lève, comme pour un besoin naturel; il prend adroitement son chapeau & sa canne, & gagne la porte. Oh allez-vous donc, lui criai-je ? Nous nous levons brusquement, le Chevalier & moi, nous courons pour l'arrêter; mais par malheur le garçon de cabaret qui nous servoit ferma la porte, & nous arrêta nous-mêmes. Sans songer qu'il ne nous connoissoit pas, & qu'il pouvoit fort bien nous prendre pour des escrocs, ou des filoux, je voulus lui faire violence. A quoi bon, dit le Chevalier ? Tiens mon ami, ajouta-t'il au garçon de cabaret, voilà quatre louis; le reste est pour toi. Sur le champ la porte fut ouverte; nous galoppâmes après notre jaloux, mais en vain. Il étoit déjà perdu parmi la foule, & nous ne savions d'ailleurs par quel chemin.

Nous prîmes tout droit celui du Palais & de sa maison. Une minute plutôt nous l'eussions encore arrêté. Nous vîmes fermer la porte qu'on avoit ouverte pour lui. Que faire ? dit le Chevalier. Ma réponse fut le marteau de la porte ; je frappe de toute ma force, on rouvre presque sur le champ. J'entre ; le Chevalier me suit ; mais tout étoit déjà en tumulte.

Le mari avoit pénétré tout d'un coup dans la salle où nous avions soupé la veille. Là il avoit trouvé l'Abbé en dispute avec une des filles de boutique. On nous viole, Monsieur, cria cette fille en voyant son maître. La vérité est que l'Abbé ne lui agréant peut-être pas, elle faisoit la difficile. Comme ce n'étoit pas ce qui importoit le plus au Clinquaillier, il chercha sa femme, & la trouva dans une chambre à côté avec monsieur Lucas. Soit qu'à tout événement elle eût complotté avec la fille de boutique, soit qu'entendant son cri elle profita de sa ruse, non-seulement elle cria comme elle, mais elle sauta à la gorge de monsieur Lucas, appellant le mari à son secours.

Fonçant presqu'en même-temps, je

vis mon pauvre maître déjà en proie à tout ce dont l'impudence & la jalousie peuvent être capables. Paix-là, criai-je! Personne ne lâche prise. Voyant cela, je tombai d'une main sur le mari, & de l'autre l'épée sur le gigier, & je lui dis; c'est fais de toi, si tu n'es sage. Il me crut. Le Chevalier d'un autre côté, tenoit la femme par le chignon. Moins docile encore que son mari, elle résistoit, & ne cessoit de crier. Taisez-vous, lui dit mon ami, & finissez, autrement je vous l'arrache. En effet, il la tira, & son chignon, qui malheureusement étoit postiche, lui demeura à la main; cependant elle s'arrêta.

Hé bien, dis-je alors au mari, de quoi s'agit-il? Je vous le demande, Monsieur, me répondit-il. Est-ce là le trait d'un galant-homme? Que trop, repartis-je; mais écoute, c'est ton avarice qui t'a joué le tour. Pour ta femme, tu en croiras ce que tu voudras; pour mon oncle, ordonne qu'on apporte ici de l'eau, qu'il boive, & mène-nous toi-même paisiblement à la porte. Nécessité ou vertu, il accepta le parti. On apporta de l'eau, dont le Prince avoit réellement besoin, tant il étoit ému:

l'Abbé encore plus ; car l'ayant abandonné à la fille de boutique, elle avoit penſé l'étrangler. Il étoit tout déchiré de ſes griffes, & avoit eu beaucoup de peine à s'en débarraſſer.

Tout étant coï, c'étoit quelque choſe d'original que de nous voir. Chacun, ſelon ſa préoccupation, jouoit ſon rôle. Le Chevalier & moi, comme réparateurs du déſordre & ſoutiens de la paix, nous étions debout l'épée nue. Le Prince aſſis buvoit ſon verre d'eau avec l'Abbé. Le mari, d'un air furieux, ſe promenoit à grands pas. Mais ce qu'il y avoit de plus beau, étoit la coquette, qui d'un air de Lucrèce ſe repoſoit en femme forte ſur ſon lit d'impudicité. Il eſt apparent que pour ôter à ſon mari toute idée de ſouillure, même involontaire, elle s'étoit d'abord jetée deſſus. Il eſt ſûr que les femmes, ſur l'article de leur honneur, excellent en préſence d'eſprit. Plus d'un exemple le prouve ; mais dans celui-ci, je n'y trouve qu'une impudence qui me révolte.

Le Prince s'étant remis de ſon émotion, ſe leva. *Adieu, mon bon ami*, dit-il au Clinquaillier. *Souviens-toi qu'une belle femme est un animal bien dangereux ; nous en avons tous deux l'expérience. Si tu juges*, continua-t'il, *que je t'aie fait tort, garde mes arrhes pour t'en dédommager, & qu'elles servent à nous rendre plus sages. N'en dis mot, si tu m'en crois, afin que les autres s'y attrapent. Adieu, ma mie*, dit-il aussi se tournant du côté de la Clinquaillière ; *j'admire votre vertu autant que vos charmes ; Dieu vous les conserve.* Comme nous n'attendions que son bon plaisir, nous sortîmes avec lui. Je fis prendre néanmoins la lumière à mon Clinquaillier : mais je ne sais ; soit que le compliment du Prince lui eût ouvert les yeux à un égard ou à l'autre, soit que les mille pistoles qu'on lui donnoit lui missent le cœur au ventre, il nous conduisit de bonne grace & avec civilité.

Un malheur ordinairement suit l'autre, L'Abbé ayant apparemment mal ordonné, nous ne trouvâmes point de carrosse à la porte du Palais. Le Prince obligé de marcher à pied, déchargea une partie de sa colère sur lui. Nous gagnâmes, en attendant, la Place Dauphine, & trouvant-là un fiacre, nous y montâmes. Le Prince absorbé, ne parla que pour demander. Descendant en silence, je dis tout bas au Chevalier de m'aller attendre dans ma chambre, & que je l'y rejoindrois aussitôt que je pourrois. Je ne fus pas long-temps. Le Prince nous congédia, & me demanda si le Chevalier qui étoit avec nous, n'étoit pas ce Gentilhomme de mes amis qu'il avoit déjà vu ? Oui, Monseigneur, répondis-je. Comme il étoit encore de bonne heure, l'Abbé vint avec moi joindre mon ami. Ayant fait faire bon feu, pour moi sur-tout qui n'avois pas chaud, nous nous mîmes à causer de l'aventure. L'Abbé jusques-là n'avoit pas trouvé le moment d'épancher sa bile. Il le fit par toutes sortes de juremens, & de noms qu'il donnoit, tantôt à la Clinquaillière, & le plus souvent à la fille de boutique : voyez, nous dit-il en parlant de celle-ci, voyez comment cette carogne m'a accommodé.

En effet, outre un œil poché, & plusieurs estafilades, qui l'empêchèrent de se montrer pendant plusieurs jours, il avoit, au défaut de son petit colet tout déchiré, deux contusions à droite & à gauche, qui prouvoient certainement qu'il avoit dû tirer la langue. Ventrechou, m'écriai-je, vous l'avez échappé belle, Monsieur l'Abbé! cette fille assurément n'avoit point envie de vous nourrir. Ce n'étoit pas ce que je demandois, répondit il; franchement, que ne me donnoit-elle seulement le reste. Quoi, repartit le Chevalier, vous n'avez eu de cette fille que les faveurs sanglantes que vous portez. Non, jura-t'il, & je voudrois bien même qu'elle s'en fût dispensée. Je le crois, repliquai-je; mais apprenez-nous comment vous avez conduit vos affaires, & je vous dirai en revanche comment nous n'avons pû empêcher qu'elles ne fussent dérangées.

Il nous raconta, que lorsque le valet-de-chambre étoit venu de ma part, le Prince & lui, déjà impatiens & tout prêts, étoient partis sur l'heure même pour se rendre au Palais; que la Clinquaillière les avoit reçus au delà de leur espérance; que le Prince l'ayant amenée au point de ne craindre plus que le retour de son mari, il lui avoit fait part des mesures qu'il avoit prises, & que ne songeant qu'à en profiter, elle les avoit fait entrer où l'on s'étoit déjà vu la veille ; que le Prince avant le souper même avoit mis la bête aux abois ; qu'il eût voulu de tout son cœur lui voir lever le pied dès-lors ; mais que ne s'attendant à rien moins qu'à revoir l'Argus de si bonne heure, on s'étoit mis à souper pour reprendre de nouvelles forces ; que par malheur pour lui la fille de boutique, accoutumée apparemment à la confidence, étoit venue se placer à côté de lui ; que la coquette elle-même animant le Prince à un nouveau combat, ils étoient retournés à leur champ de bataille ; que ne pouvant mal juger de la fille de boutique, il avoit voulu en faire un de sa chaise ; qu'à sa grande surprise, il s'étoit vu rebuté ; & que lorsqu'il travailloit à la mettre à la raison, c'étoit alors que le diable étoit venu s'en mêler.

Ce ne fut pas sans rire que nous écoutâmes ce récit de l'Abbé. L'ayant achevé, nous lui fîmes celui qui nous regardoit avec le Clinquaillier, & comment nous n'avions pu empêcher qu'il ne vint se voir coëffer, & troubler les amoureux mystères. Dites-le au Prince, ajoutai-je, si vous le voyez avant moi, & tâchez de le tirer de cet air sombre & noir où nous l'avons laissé. Pardié! cela est vrai, répondit l'Abbé ; jamais je ne le vis si capot. Mais quel diable ne le seroit ; jamais non plus on ne vit une pareille aventure. Je crois qu'il s'en souviendra, ajouta-t'il, mais pas tant que moi ; & peu s'en faut que je ne vous rende à tous deux ce que j'ai reçu de ma carogne, & que vous n'avez pas d'abord empêché. Quoi, repliquai-je, est ce que vous auriez voulu que nous songeassions à vous, non-seulement à danger égal, mais le Prince en proie à toutes les furies & hors d'état de défense? Non, non, repliqua-t'il. Ainsi finit notre entretien, & nous fûmes nous mettre au lit.

Le lendemain, j'allai de mon lever à celui du Prince. L'Abbé y étoit déjà, & lui faisoit même le récit dont je l'avois prié. Le Prince, que le sommeil avoit achevé de remettre, n'écouta & ne parla plus que pour s'égayer sur l'aventure, & faire toutes les réflexions dont elle étoit susceptible. *A propos*, me dit-il, *qu'est devenu ton second, que le génie de l'Abbé a fait paroître si à propos avec toi ?* Oui, Monseigneur, repliqua-t'il, fort à propos pour me laisser étrangler & balafrer de tous côtés. *N'importe*, ajouta le Prince, *tu leur dois pourtant quelque marque de reconnoissance.* Reconnoissance, répéta-t'il ! Dès hier je voulus la leur marquer, & graver sur leurs visages le même bienfait que j'ai reçu sous leur protection. *Tu n'es qu'un ingrat*, dit le Prince en badinant. *Pour moi qui ne suis rien moins, j'ai là une montre d'or pour le Chevalier, & voici une tabatière pour son ami.*

Cela ne va pas mal, repliqua l'Abbé ; deux cent louis pour un petit coup d'épée ; une montre, une tabatière d'or, seulement pour avoir dégaîné ; & qui plus est, je ne sais combien l'autre jour au Pharaon, pour rien du tout. Je connois, ajouta-t'il, ces lignes de compte, & je suis persuadé, Monseigneur, que vous l'avez déjà oublié. *Sans doute*, repartit le Prince, *& je l'oublie encore.* Je n'en suis pas fâché, Monseigneur ; & moi-même, tout petit Ecclésiastique que je suis, je me plairois à de pareils oublis. En effet, si l'Abbé avoit quelque vertu, c'étoit d'être généreux,

& même un peu trop alors pour son Maître. Je remerciai le Prince, & plus content que lui & l'Abbé je fus chercher mon ami d'Arcis.

Prêt à sortir, je retournai & dis au Prince : mais, Monseigneur, s'il arrivoit que je ne trouvasse plus mon ami pour lui remettre votre libéralité, ne pourrois-je pas la lui porter ? *Oh que oui.* Ne pourrois je pas aussi, ajoutai-je, crainte de pleurésie, aller si prudemment que je ne revinsse qu'à gîte ? *Assurément : c'est bien le moins que pour un garçon qui veille si bien à la sûreté des autres, on ait cet égard pour la sienne. Non-seulement*, continua le Prince, *je te donne tout le jour pour le chemin que tu auras à faire, mais la huitaine, afin de n'avoir rien à me reprocher.* La huitaine, interrompit l'Abbé ! Songez-vous donc, mon Prince, que je ne suis point en état de paroître, & que vous en aurez faute ? *N'importe, ce qui est dit, est dit. Je ne sors d'ailleurs que pour aller à Saint-Cloud.* A tant de graces, je fis une très-humble révérence, & gagnant au pied, je courus plein de ma joie en faire part au Chevalier.

A peine m'apperçut-il, qu'il connut à mon air que j'apportois de bonnes nouvelles. Je te félicite, me dit-il, car je vois que quelque chose te fait plaisir. Vous me félicitez, lui répondis-je; c'est moi, Monsieur, qui vous fais le compliment, & qui viens vous assurer, non-seulement de toute la bienveillance de mon Seigneur & Maître, mais encore vous en donner cette brillante marque: en même-temps je lui présentai la tabatière: elle est de poids, au moins; mais je me flatte, ajoutai-je, que cela n'empêchera pas que vous ne la conserviez en mémoire d'un service qu'un grand Prince confesse par-là avoir reçu de vous.

Te moques tu, me dit le Chevalier? Non, ma foi, ajoutai-je, & mon cœur me le dit trop, pour que ma physionomie ne vous le démontre pas. Tu as raison, repliqua-t'il, viens que je t'embrasse, pas pour la chose, mais pour la part que tu y prens. Vous n'êtes pas le seul, repris-je, appellé à récompense. Une belle montre m'attend, & sans craindre qu'elle m'échappe, je voudrois néanmoins l'avoir pour vous en donner le choix. Tais-toi, reprit-il; est-ce qu'entre nous il est besoin de complimens ? Non, mais je ne me tairai pourtant qu'après vous avoir dit que nous avons encore deux cens louis à manger ensemble. Deux cens louis, interrompit-il ! Oui, & qui plus est huit jours de congé pour moi, afin que je vous aide si bien, qu'il n'en demeure absolument rien.

Le Chevalier ne pouvant se contenir, me sauta derechef au col. Que de joie en un moment, s'écria-t'il. Profitons-en, mon cher, & dis-moi par où nous commencerons. Par où tu voudras, repliquai-je, excepté ton quartier, que je veux fuir, & ne pas même y songer, crainte de troubler nos délices. Quoi, reprit-il, nous ne verrions pas même ta petite Pouffette ? Qui empêche ? Est-ce qu'elle n'est pas à mes ordres, & moi aux siens quand je le puis ? Invente seulement pour le bien commun, & ne t'embarrasse pas du particulier. Hélas ! pour deux cens louis, qu'est-il besoin de tant chercher ? Je n'ignorois pas que l'Hôtel de Gêvres n'étoit qu'à quatre pas. Je n'y avois pourtant jamais été ; mais cette connoissance que je voulus faire, me débarrassa de ce qui nous inquiétoit.

Tout fertile que fût le Chevalier en parties de plaisirs, il ne me proposa d'abord que ce gouffre de jeu, toléré, comme bien d'autres, pour la ruine des jeunes gens. C'est un mal, me dira-t'on, mais nécessaire, & qui obvie souvent à de plus grands. Je le nie; & voici comment. Que l'on s'y ruine, c'est chose sûre; car de cent joueurs qui mettront chacun cent louis dans une bourse, tout ira au bout du mois aux Amodiateurs ou Fermiers, & de-là à monsieur le Prince, monsieur le Duc Brelandier en chef. Quel honneur de mener grand train, faire grande figure aux dépens de mille jeunes gens, qui après languissent, tout au moins, ou se souillent de mille expédiens auxquels ils n'eussent jamais pensé ? Mais ce n'est pas tout. Ou un jeune homme se ruine, ou il ne se ruine pas. S'il se ruine, le voilà dans le le malheureux cas que je viens de dire, & qui quelquefois va beaucoup plus loin. S'il ne se ruine pas tout-à-fait, il emploie souvent son reste, ou en femmes ou en vin. Ainsi cela s'appelle véritablement chasser le Diable par Belzébut, ou plutôt fournir à tous égards du bois d'Andelle au cabinet de Pluton. Je vais donner dans mon ami & moi, un exemple de ces victimes, qui ne le sont pas jusqu'à être absolument immolées.

Le Chevalier ne pouvant rien imaginer sur le champ, me dit: veux-tu que nous passions à l'Hôtel de Gêvres? Là nous y trouverons l'un ou l'autre, & peut-être Briquenai, qui en fait quelquefois ses galeries. Je le veux, répondis-je; aussi-bien c'est une de mes envies, depuis même assez long-temps. Cependant, au lieu de nous y rendre par le chemin le plus court, nous passâmes par le Jardin du Palais, & sortant par la petite porte, nous gagnâmes la Place des Victoires, & vinmes heurter où nous cherchions à échouer. Prêts d'entrer, le Chevalier badinant, m'arrêta & me dit: Tiens, regarde; que lis-tu sur cette porte? *Hôtel de Gêvres*, répondis-je. Erreur, repliqua-t'il; c'est l'*Hôtel de tous les Diables*. Il n'y en a pas seulement un à qui on ne le donne mille fois par jour; mais ceux qui sont cette libéralité, sont encore pires. Prends garde, repliquai-je. Je rétrograde. Non, s'il te plait. Ce Suisse que tu vois a besoin de se faire faire la moustache, & il faut que tu en paies la façon. Tout cela n'étoit que trop vrai, & demi-heure après je pouvois le certifier en tout point.

Nous entrâmes. Pour se perdre, il sembleroit quasi qu'on n'auroit pas besoin de protection. Point du tout. Sans le Chevalier, qui étoit connu, je n'eusse jamais passé la seconde porte. Enfin nous montâmes au Toptingue & au Lansquenet. Là je m'amusai quelque temps à regarder. Préférant le Lansquenet, je m'y arrêtai. Un Joueur, derrière qui j'étois, tirant à lui un tas de louis d'un coup de rateau, je voulus voir si je n'en pourrois pas faire autant. Je mis dix louis à la réjouissance. Sonica, je les perdis. Pour courir après, j'en couchai autant sur une autre carte. Ceux-ci eurent le même sort. Ouais, dis-je en moi-même, cela continuera t'il? Je massai la même somme sur une troisième carte, elle fut plus heureuse. Le coupeur amena la sienne, & sur le champ j'eus le plaisir de jouer du rateau. Hélas! c'est le seul que j'eus. Amorcé, quoique j'en fusse encore pour dix, je doublai pour ratraper ce que j'avois perdu. & me payai de ma peine. Je calculai mal. C'étoit le jour des Réjouissances, & cette seconde où j'avois mis, perdit comme la première. M'étant mis sur le ton de vingt, je n'en voulus rien rabattre. Je couchai donc vingt autre louis sur une nouvelle carte. Elle perdit. J'en pris le parti, elle perdit encore. Je changeai tout de même. Enfin l'opéra fut si complet, qu'avant d'être au bout, j'étois à sec. Le Chevalier, de son côté, s'échauffant comme moi, perdit tout ce qu'il avoit. Un tel opéra souvent fait finir le combat, faute de combattans. C'est ce qui arriva. Quelques-uns mêmes trouvant dans celui-ci quelque chose de surnaturel, crioient, *on travaille, on travaille!* c'est-à-dire, en terme honnête, pour ceux qui ne le savent pas, *qu'on fripponne*. Je ne sais ce qui en étoit, mais à bon compte le Chevalier & moi y trouvâmes un terrible abrégé aux plaisirs que nous nous étions promis.

M'abordant, il me dit : Avois-je raison, & m'écouteras-tu une autre fois? Ma foi, lui répondis-je, cela te sied à merveille.

merveille. N'est-ce pas toi, George Dandin, qui l'as voulu ? Toi, ou moi, repliqua-t'il, je veux qu'une Panthère me dévore si jamais on m'y rattrape. Ce serment qu'il me faisoit dans sa douleur amère, n'étoit assurément que le moindre qui frappoit mes oreilles. Tout jetant feu & flammes, l'Hôtel ne fut pas seulement donné mille fois à tous les Diables, mais chacun les psalmodioit avec plus de force & de grace, qu'un Saint Félix ne fit jamais le bon Dieu. Ne fût-ce que la manière dont on se dégrade dans ces sortes de lieux, on devroit pour l'honneur de tous ceux qui les fréquentent & de ceux qui les entretiennent, les fermer pour jamais. Malgré la tempête, plusieurs néanmoins ne purent s'empêcher de rire de la saillie d'un Abbé que son caractère retenoit. Voyant un Officier qui escaladoit les Cieux, il lui dit : Oui, Monsieur, faites, & je vous tiens de moitié.

Dans l'idée où l'on étoit que l'on avoit travaillé, le coupeur étant parti, & les Joueurs ruinés n'ayant rien de mieux à faire, visitèrent cinq ou six cartes de la main, qui étoient restées entières. Ils prétendirent que c'étoit des cartes ombrées d'Italie; que le coupeur avoit supposé le jeu dont il nous avoit si mal servi; à celui qu'il avoit pris dans le panier; & qu'en bon escamoteur, il avoit renvoyé dessous ces trois cartes, l'une après l'autre, lorsqu'elles s'étoient montrées. L'ordre qui régne, sur-tout à l'Hôtel de Gêvres, & qui n'empêche pas, comme l'on voit, qu'il n'arrive des abus, fit que le Gentilhomme qui préside à cette infernale Académie, écrivit sur le champ à l'auteur d'un si bel opéra. On en usoit ainsi, parce qu'il étoit homme de qualité; autrement il suffisoit de lui faire refuser la porte, s'il s'étoit jamais présenté. C'étoit bien une perte pourtant, car j'appris qu'il étoit un des pilliers du Lansquenet; & peut-être que si l'on se fût tû, il eût rapporté en détail quarante mille livres, qu'il emportoit, disoit-on, en gros.

Pour comble de malheur, nous ne trouvâmes, le Chevalier & moi, aucun de ceux que nous nous étions flattés de trouver. Leur bonheur sans doute les ayant écartés, nour sortîmes comme nous étions entrés, à l'exception de nos louis. Quelle lessive ! me répéta tristement mon ami, en marchant au hasard dans la rue. Bon, lui répondis-je, ce qui vient de la flûte retourne au tambour, & je suis déjà tout consolé. Pas moi, repliqua-t'il, à moins que tu ne viennes me tenir compagnie, & m'aider à commencer Sénéque sur le mépris des richesses. Non, ton quartier me rendroit ce que je ne suis pas, triste, mélancolique ; retournons plutôt au Palais-Royal. Allons, reprit mon ami. N'importe où je médite, pourvu que ce soit avec toi.

Nous retournâmes donc. Le Chevalier se trouvant au même lieu où deux heures auparavant il avoit été pénétré de la plus vive joie, se mit à faire le folâtre. Vanité des vanités, s'écria-t'il, tout n'est que vanité ou vacuité : vanité dans nos projets, vacuité dans nos bourses ; adieu paniers, vendanges sont faites. Te tairas-tu, lui dis-je : songe seulement à remercier la Providence d'une magnifique tabatière d'or qui te reste encore, & dont le seul travail te dédommage de ta perte. La voilà, me dit-il, je crois que c'est elle qui nous a porté malheur : peu s'en faut que pour nous venger, je ne la réduife aux efpèces qu'elle nous a fait perdre. Fi, répondis-je, d'un mouvement comme celui-là ! Il n'y a mouvement qui tienne, interrompit-il. Si tu étois venu chez moi, je l'euffe mife dans mon coffre-fort pour en tirer la valeur ; mais puifque ta volonté m'arrête, vois dans le tien, & fi tu n'y trouves de quoi remplacer ce qu'elle nous a fait perdre, j'exerce tout à l'heure ma vengeance fur elle. Quel tranfport ! Il eft d'autant plus grand, pourfuivit-il, que je l'accufe encore de m'avoir fait oublier une bifque que je convoite à préfent.

Ce n'eft plus vengeance, mon ami, lui répondis-je, c'eft friandife à ce que je vois. Or un jour de malheur comme aujourd'hui, vous ferez s'il vous plaît pénitence, & vous n'aurez à votre dîner qu'une poularde de chez le Guerbois. Elle fera donc au ris, car j'ai befoin de me reftaurer. Soit ; mais prenez y garde, car demain fera le tour de votre bifque. Oui, oui, il eft trop tard d'ailleurs ; & comme j'ai envie de la manger au Port à l'Anglois, je vois bien que tu veux que ta petite Pouffette en foit, & que nous fassions partie quarrée. Non seulement cela, repartis-je; mais comme de nuit tous chats sont gris, je puis bien, quoique dans votre quartier, vous donner ce soir à souper chez elle. Ah, s'écria-t'il, nous y voilà. Il n'y a rien tel que d'être ruiné à demi, on ne cherche qu'à s'achever pour se consoler. Rien de plus vrai; & j'en appelle à tous ceux qui se sont malheureusement trouvés dans le cas.

Après nous être ainsi divertis, mon ami & moi, je remplis ma bourse & fus lui tenir parole au Mail. Deux bouteilles de Champagne, sur deux de Bourgogne, ne nous firent pas seulement oublier notre perte, mais nous animèrent à notre projet. J'envoyai même, beaucoup avant la nuit, avertir ma petite Poussette. Sans aucune idée de vengeance pour la neuvaine qu'elle m'avoit fait faire autrefois, par les calomnies que m'avoit appris le Chevalier, il y en avoit bien une bonne que je ne l'avois vue. Je le dis à mon ami. Il prétendit que j'avois tort, & pour le réparer il m'obligea à partir pour arriver au moins avec la nuit. Te voilà, dit en me voyant ma petite Poussette, bras dessus bras dessous ; c'est-là toute la vengeance qu'elle tira de ma longue absence. Je me trompe ; car quoique je l'avertisse d'abord qu'elle auroit peut-être huit jours entiers à se mieux venger, elle ne voulut pas même attendre seulement l'après-souper.

Le temps que nous eûmes de reste fut employé à régler notre partie du lendemain. Je dis qu'il nous falloit Briquenai. Oh pour cela, s'écria ma petite Poussette, tu es un bon petit cœur. Loin de craindre quelque retour qui pourroit être préjudiciable, tu ne te souviens pas seulement de lui, mais tu le recherches. Dans le fond, ajouta-t'elle, c'est un bon diable ; & quoiqu'il ne soit pas ce qu'il a été autrefois, il vaut néanmoins encore quelque chose. Pour le conseil, repliqua le Chevalier, c'est un homme excellent ; je voudrois bien qu'il fût ici. Si nous envoyions chez lui, ajouta t'il, peut-être le trouveroit-on. Nous y envoyâmes en effet ; mais quoi qu'on en dit, je crois qu'il étoit quelque part en exécution ; toujours nous ne le vîmes que le lendemain.

Le Chevalier, pour être plus à portée, fut passer la nuit avec sa maîtresse. Le lendemain ils vinrent nous trouver à l'heure du chocolat, & bientôt Briquenai avec un de ses amis. Qu'y a-t'il pour votre service, nous demanda-t'il d'abord ? Ce matin en me rangeant, j'ai appris qu'on étoit venu chez moi de votre part. Il s'agit, répondis-je, de venir prendre part à une bisque dont je suppose que vous avez besoin, puisque vous nous apprenez que vous ne faites que de vous ranger. Cela est vrai, repliqua-t'il, & ne peut aller mieux ; car outre le besoin, je suis tout prêt. Il en est de même, continua-t'il, de l'ami que je vous amène, & je vous crois trop galant homme pour le laisser aller. Vous pensez juste, & nous poussons même la galanterie jusqu'à vous exhorter à retourner bien vite au lieu d'où vous venez, prendre celles que nous jugeons vous avoir mis de si belle humeur. Sans se le faire dire deux fois, Briquenai & son ami décampèrent, & trois quarts-d'heure après nous les revîmes avec leurs tendrons nocturnes.

Tous étant prêts, & les carrosses à

nous attendre, nous ne fîmes que defcendre & monter. Il étoit déjà tard. Nous ordonnâmes d'aller grand train, & fans prefque nous en appercevoir, nous arrivâmes au Port à l'Anglois. Là Briquenai nous confeffa que pour être bon à quelque chofe, il lui falloit une heure de repos. Toute fa compagnie en dit autant, de forte que jufqu'au dîner nous fûmes réduits à la nôtre. Pour ne nous point ennuyer, fi le cas l'eut voulu, nous fûmes, après avoir ordonné ce que nous fouhaitions, nous promener le long de l'eau. Las nous retournâmes, & demi-heure après nous nous réunîmes tous à table.

Briquenai fe réveillant à mefure qu'il fe reftauroit, commença à nous mettre en joie. Il débuta par attaquer la petite Pouffette, & lui dit: ma foi tu as raifon de t'être plainte autrefois que j'étois un peu ufé; je le fens par le befoin que j'avois de cette réparation, & par le bien qu'elle me fait. A boire, cria-t'il à fon laquais, & prends garde à ne m'en point laiffer manquer. Sa première rafade fut à moi, en me pronoftiquant que je battrois bientôt de l'aile comme lui. Il en but trois, quatre. Voilà, dit-il après, comme on doit reprendre du poil de la bête. Je suis guéri à présent. Que ceux qui se trouvent mal, en fassent autant.

 La joie & les ris s'animant de toutes parts, nous fimes bientôt charivari. Je ne sais où Briquenai avoit accroché sa compagne. C'étoit une jeune fille de seize ans tout au plus, jolie, aimable pour ceux qui aiment un petit air dragon. Aussi nous dit-il qu'il avoit passé bail avec elle, pour toute la campagne; qu'il l'habilleroit en Officier, & l'emmeneroit avec lui. Pourquoi pas en Mousquetaire, dit le Chevalier, elle feroit infailliblement le second tome de l'Héroïne. Non, s'il vous plaît, répondit Briquenai. Le Roi n'a déjà que trop de femelles à son service, & d'ailleurs le mien vaut bien encore le sien. Quel charme, ajouta-t'il en l'embrassant, lorsque d'un assaut je monterai à l'autre, & qu'en bon Mousquetaire je renverserai tour-à-tour, ennemi, maîtresse & bureau!

 En nous divertissant de cette idée, il nous en vint une autre; ce fut de solliciter la maîtresse de Briquenai à se revêtir de ses habits, pour voir un peu l'air que elle auroit. Elle résista; mais pressée par nos instances, elle y consentit, à condition que toutes les autres prendroient comme elle les habits de leur amant, & que les amans se revêtant des habits de leur maîtresse, on retourneroit ainsi à Paris. Pour nous, nous consentimes; mais les autres femelles, & sur-tout ma petite Poussette, ne voulurent pas se rendre. Tout ce que nous pûmes obtenir, fut que nous nous divertirions de cette métamorphose dans la salle où nous étions. Sur cet accord, nous fîmes servir & desservir; c'est-à-dire, ôter la table, faire faire grand feu, & apporter du vin en quantité, pour renvoyer nos domestiques, & n'avoir pas besoin d'appeller. J'avertis le lecteur que cette aventure n'a rien de plus obscène, que ce qui peut arriver entre amant & maîtresse, qui se déshabillent même avec précaution l'un devant l'autre. C'est bien assez, & trop, je l'avoue; mais pourtant fort au-dessous de ce qu'on pourroit s'imaginer.

Au moyen de deux chambres qui communiquoient à la salle où nous étions, nous fûmes tour-à-tour changer d'habits, & vinmes auprès du feu nous coëffer & achever notre toilette. Le gros de la métamorphose étoit ce qui avoit de plus grotesque. Quand on sortit tout ébauché du particulier, c'étoit des éclats de rire à perdre haleine. A l'égard des hommes, l'un avoit l'air d'une Méduse, l'autre d'une Mégère; celui-ci d'une Messaline, celui-là d'une Fameuse ou Prêteuse sur gages. Pour les femmes, elles étoient plus supportables ; le plumet sur leur bichon leur alloit pour le moins aussi-bien qu'à nous. C'étoit tout pourtant ; car par le bas, & aux manches, elles ressembloient à des Pourceaugnacs ; & la maîtresse de l'ami de Briquenai avoit véritablement la mine d'un Archer-de-l'Ecuelle.

Ayant fini de nous travestir auprès du feu, nous nous mîmes à danser des menuets, & toutes sortes de contredanses. Le mouvement ayant provoqué certains besoins naturels, rien de plus comique encore. Nous craignions, & avec raison, que nos culottes ne s'en ressentissent. En effet, Briquenai, toujours malheureux, eut les siennes toutes perdues. Sa maîtresse prenant plaisir à un déguisement qu'il vouloit lui donner, s'oublia jusqu'à l'extrêmité; & lorsqu'elle voulut se soulager, croyant le faire à son ordinaire, elle déposa dans ses culottes ce qu'elle pensoit mettre ailleurs.

C'est du moins la raison qu'elle donna à Briquenai. Mais comme il n'entendoit rien moins que raillerie sur cette matière, il poussa l'oubli aussi loin qu'elle avoit fait. Il ne se contenta pas de l'appeller vingt fois saloppe & puante; mais, si j'ose le dire, il vouloit encore lui faire lécher la doublure. Cependant elle en fut quitte pour la bien laver, nettoyer, & la faire sécher au feu. Cet accident, comme il étoit arrivé au pet-en-gueule, troubla notre divertissement. Briquenai jura que de sa vie il ne se prêteroit à rien de pareil. Nous nous moquâmes de lui. Beau, lui dîmes-nous, un grain de moutarde vous monte terriblement au nez. Ce malheur ne vous est-il donc jamais arrivé? Oui, bien quelquefois, répondit-il en maugréant; mais parbleu! jamais en pareille quantité. Un peu plus, un peu moins, repliquâmes-nous, voilà belle affaire. Allons, gai, donnez-nous la main & continuons la danse. Quelque chose que nous fissions, nous ne pûmes jamais le remettre en branle.

Faute de lui & de sa maitresse, la danse ne faisant plus que languir, nous nous mîmes à déclamer & à jouer la comédie. Ma petite Poussette commença. Elle essaya d'abord si elle joueroit aussi-bien un rôle amoureux en homme qu'en femme. Nous joignant à elle, chacun sous sa métamorphose, & voyant que nous y prenions goût, elle courut à sa poche, qu'elle avoit laissée dans la chambre, où nous avions, elle & moi, changé d'habits. Elle se doutoit d'y avoir un recueil des comédies. L'ayant trouvé, elle l'apporta, & à l'ouverture nous apperçumes le *Grondeur*. Vivat, criâmes-nous tout-à-la fois. Pour cela, Briquenai, tu le joueras. Oui, dit-il, si mes culottes étoient séches. Non, non, repliqua ma petite Poussette, tu commences déjà à perdre du naturel, & si tu étois séchement & proprement culotté, tu le perdrois peut-être tout-à-fait. Va, reprit-il, il n'y a rien à craindre, & jusqu'à ce que j'aie jeté celle-ci, & que j'en aie pris une autre, tu ne me verras guères de bonne humeur. Si je ne craignois, ajouta-t'il, ce qu'en pourroit dire mon animal de laquais, je l'eusse envoyé me chercher de quoi changer, mais je crois qu'il vaut mieux encore prendre patience.

Tel qu'il étoit, nous l'obligeâmes à venir jouer. Bien ou mal, jamais comédie ne donna tant de plaisir; & sans la nuit qui tint lieu de rideau, je crois que nous l'eussions poussée jusqu'au lendemain. Ce ne fut même qu'en nous promettant de recommencer, que nous fûmes nous remettre chacun dans nos habits. A la chandelle, disions-nous, cela ira encore beaucoup mieux. Mais un plaisir fait souvent oublier l'autre. Celui-ci finit, nous n'y pensâmes plus.

Nous étant raccommodés à la grosse morguienne, nous appellâmes pour avoir des lumières & ordonner le souper. En attendant, nos maîtresses tâchèrent de rassembler leurs charmes, mis en déroute par le déguisement; & sans nous soucier des nôtres, nous leur prêtâmes la main. Briquenai, crainte de la moindre humidité, avoit attendu jusques-là à se renculotter,

Cette cérémonie fut encore divertissante. Au diable, la puante, disoit-il, en passant une jambe après l'autre ! je voudrois que tu fusses pour jamais bondonnée. Il y a moyen, répondîmes-nous ; avec son gros nez, rien de plus aisé. Eût-elle plutôt, repliqua-t'il, & vous aussi, le derrière ouvert pour toute la vie. Là, là, tu recommences, semble-t'il ; ne vois-tu donc pas combien elle est fâchée ? En effet, la pauvre fille, depuis le moment de son incongruité, paroissoit si navrée, qu'elle faisoit peine à voir.

Nos maîtresses rajustées, autant que cela se pouvoit, & nous à la garde de Dieu, nous nous réunîmes pour remplir l'intervalle du souper autour du feu. Ce n'est pas que nous eussions grand besoin ; mais l'ayant fait allumer à tout hazard, nous achevions d'en profiter. Sans beaucoup attendre, le souper arriva. Au lieu de cercle que nous formions auprès du feu, nous fûmes sans peine le former à table. Les premiers momens s'employèrent à réparer les forces que la danse & les ris avoient altérées. Après vinrent les chansons, & toutes les arrhes de la nuit qui nous restois a paſſer. C'étoit déjà une réſolution priſe. Nous vîmes avec plaiſir que Briquenai ſembloit le pardonner abſolument à ſa pauvre délinquante. Qui ne l'auroit cru en effet ? Il ne ſe diſſipoit pas moins avec elle, que nous avec les nôtres. Cependant tout diſparut lorſqu'on commença à parler de lit.

Dans toute la maiſon, il n'y en avoit que trois, que malgré notre préoccupation nous avions déjà récapitulés. Cela n'étoit pas difficile, puiſqu'ils étoient de notre département; deux dans l'une des chambres où nous avions changé d'habits, & le troiſième dans l'autre. Cependant, comme nous ne ſavions pas qu'il n'y avoit que ces lits-là dans le logis, nous fîmes venir l'Hôte. C'eſt tout ce que j'en ai, nous dit-il, Meſſieurs. Voyez, s'il vous plaît, de vous accommoder. Hé bien, répondimes-nous, c'eſt aſſez. Les Dames ſe coucheront, & nous ferons comme nous pourrons. Il ſavoit bien à quoi s'en tenir, le drôle, & nous auſſi.

A peine fut-il ſorti, que nous délibérâmes ſur le lit qui nous manquoit. Que rien ne vous inquiète de Briquenai; pour moi je fais renouveller le feu, & me couche dans un fauteuil. Son ami, soit qu'il partageât l'espèce de ressentiment qu'il marquoit par-là contre sa maîtresse, soit plutôt qu'ils en eussent tous deux par-dessus la gorge, assura qu'il lui tiendroit compagnie. Fort bien, dit ma petite Poussette. Vous deux chacun dans un fauteuil, vous délaissées dans un lit, & nous dans les autres, chacun trouvera son compte. Oui parbleu! repliqua Briquenai, & sur-tout notre Hôte, car je vuide sa cave. Belle menace! interrompis-je. Ne sais-tu pas que c'est moi qui régale, & que s'il ne s'en trouve pas assez, tu peux envoyer à Paris? Brave, s'écria-t-il, couche-toi donc mon ami, & laisse-moi boire. *Holà hé*, ajouta-t'il à son laquais, *écoute! Qu'on m'apporte ici cent bouteilles, pour me noyer dans le vin.* Il ne cessa de nous étourdir de cette chanson, jusqu'à ce que nous le laissâmes, avec son ami, pour nous aller coucher. Je jure que de quelque façon que ce soit elle fut remplie, & que pour un tel écho, je n'eus de ma vie tant de vin à payer.

En le quittant, nous lui dimes bon soir.

Point de bon soir, répondit-il; je veux chaque quart-d'heure voir comment ce va. Ma petite Pouffette qui le connoiſſoi chercha la clef de notre chambre po nous renfermer. Peine inutile, s'écria-t lui-même. En effet, ſans que nous l'euſſio vu, il s'en étoit déjà emparé. Pour y r médier, nous nous barricadâmes en dedan mais nous n'avions que des chaiſes, & a premier choc il les culbuta. Autant eu valu que nous ne nous fuſſions point cou chés. Il tint ſi bien parole, que ſans ceſſ il étoit à nous la bouteille & le verre à main. Allons, crioit-il, point de vin point d'amour. Je ſais ce qui en eſt; il fa boire, ou parbleu je vous le verſe. B quenai, mon ami, lui diſois-je, laiſſ nous; crois-tu que le plaiſir du lit ne va pas bien celui de boire? Tous deux v lent mieux. Je n'en ai qu'un, & encore je veux le partager. Vois ſi l'on peut ri de plus généreux. Non, mais tu le ſero bien davantage, ſi tu nous laiſſois do mir. Ne ſais-tu pas que dormir eſt un tem perdu? Allons, allons, point tant d raiſon. Le vin s'évente, & alors il vaut rien.

Pour nous procurer un moment de repos, il falloit boire, ou du moins en faire semblant. Je dis faire semblant, parce qu'au lieu d'avaler, je répandois adroitement le vin dans la ruelle de mon lit. Pour la petite Poussette, il ne lui en versoit que peu, encore avoit-elle la permission d'en laisser. A la fin, abattu de sommeil & de boisson, il s'endormit, & nous goûtâmes alors quelque repos. Il auroit duré plus long-temps, si lui-même encore n'étoit venu le troubler. De bout, de bout! s'écria-t'il; quoi morbleu à dix heures au lit! Il n'en étoit pourtant que sept ou huit, & malgré cela nous aimâmes mieux nous lever, que de l'avoir à nous persécuter. Les autres faisant plus de résistance, il jeta leur couverture à bas, & les obligea à faire comme nous. Tous comparoissant, chacun se mit à déjeûner. Lui & son ami firent apporter tout le café du logis. Le Chevalier, sa maîtresse, & les deux autres abandonnées, choisirent du thé. Pour moi je tins compagnie à ma petite Poussette, qui aimant le chocolat, s'en étoit pourvue à tout événement: c'étoit sa vie, ainsi que le recueil de comédies; mais l'un pourtant ne s'étoit trouvé sur elle que par hasard & l'autre étoit une précaution expresse sa friandise, qui peut-être n'eût pas trou à se satisfaire dans l'endroit.

Pendant que nous étions encore à d jeûner, la maîtresse de Briquenai qui av déjà fait, & qui étoit près des fenêtres mélancoliser, vit entrer des Pêcheurs av la plus magnifique pêche. Elle nous le di nous voulûmes voir, & cela nous en gea à demeurer à dîner. Chacun choisit poisson qu'il aimoit. En ayant pris de ch que sorte, nous appellâmes l'hôte, po lui dire d'en faire une matelotte, & mettre le reste à toute sauce. Comme s'en alloit, je lui criai : Faites vite, pourtant n'oubliez pas une soupe à l'oi non, dont nous avons grand besoin ; toi plus que personne, dis-je à Briquena Si tu te voyois ; ton nez, tes yeux, n transpirent que le vin, & tes lèvres e sont toutes teintes. Que dis-tu ? Cela ne s peut, car je l'ai rendu par seaux jusqu'à l dernière goutte. Si ce n'est pas le vin, re pris-je, c'est donc la lie. Oh parbleu ! re pliqua-t'il, entre & vois. En me disan cela, il m'ouvre une bouche si grande *du Chevalier de Ravannie.* 285

[q]ue lorsqu'il voulut la fermer, il ne put. Ce spectacle nous fit d'abord pâmer de [ri]e; mais hurlant après sans pouvoir par[le]r, nous eûmes une frayeur mortelle. [Pa]s un de nous ne savoit ce que cela vou[lo]it dire. Nous crûmes, & à ces hurle[m]ens & à ces gestes, qu'il avoit le diable. [C]e n'étoit pourtant que sa machoire qui [av]oit disloquée. Son laquais, qui avoit vu [l]a même chose chez un Chirurgien où il [av]oit appris à saigner & raser, entra au [br]uit, & d'un coup de poing la lui remit.

[Je] te remercie, dit-il incontinent, tu me [tir]es du plus vilain embarras où je me sois [vu] de ma vie. Un pareil coup de poing, [aj]outa-t'il, vaut bien un écu. Il le tire, le [lu]i donne, & le laquais tournant le dos [s'e]n va.

Quel diable de tour nous as-tu joué, [lu]i dîmes-nous? Ventrebleu! c'est bien à [m]oi que je me le suis joué, répondit-il; [d]e ma vie je ne me suis trouvé en pareille [d]étresse. Il le falloit; car de tout le vin [qu]'il avoit bu, les fumées étoient si bien [diss]ipées qu'il n'y paroissoit plus. Cet acci[de]nt néanmoins avoit généralement porté [cou]p à sa belle humeur. Sa maîtresse, par simplicité ou par vengeance, la réveilla tant soit peu. Pour cela, lui dit elle, j'ai cru, après toutes les injures que tu m'as dites, que ce n'étoit pas moins que le diable qui te mettoit un bâillon. Malgré tout, ajouta-t'elle, j'ai fait pour toi plusieurs signes-de-croix. Grand remède, s'écria-t'il! Bon encore, si c'eût été quelques chastes & pudiques Nones. Nones, reprit-elle! sais-tu que tous les jours je me bénis les doigts avec plus de dévotion qu'elles. Tu as parbleu raison: j'en ai plus d'une preuve, & celle d'hier sur-tout l'auroit fait faire jusqu'au fond de l'abyme.

Ce dialogue fut interrompu par la soupe à l'oignon qu'on vint nous servir. Nous nous jetâmes dessus, & en fîmes l'éloge jusqu'à la dernière goutte. Malgré cela, ni la conversation qui avoit précédé, ni rien de tout ce qui parut avec la soupe, ne put nous égayer comme la veille. Cependant sans tristesse, nous dinâmes, ce qu'on appelle à la Bourgeoise. Aussi-tôt après nous partîmes. Chemin faisant, Briquenai, frais comme un poisson, se proposa de nous donner à souper. Nous nous y fussions opposés, s'il n'eût été dans un carrosse séparé avec son ami, & chacun leur maîtresse. Ce fut même une tricherie galante de sa part; c'est-à-dire, que tenant le devant, & ayant fait dire à notre cocher qu'il n'avoit qu'à suivre, il fit arrêter chez un Traiteur, au lieu d'aller descendre, comme nous l'avions projetté, chez la petite Poussette.

Malgré bon gré, il fallut céder à son autorité. Tu es bien entier, lui dîmes-nous; tu sais que nous n'avons besoin que de repos, & toi plus que personne, & cependant tu nous arrêtes. N'importe, repliqua-t'il, c'est la clôture du Jubilé; & dussiez-vous descendre chez les morts, vous le ferez. Descendus & entrés, nous voulûmes encore le mettre à la raison, surtout entendant qu'il ordonnoit un régal absolument inutile. A quoi bon, nous recriâmes-nous? Point tant de raison, nous dit-il, & plus d'obéissance. Si vous n'êtes pas contens, mon laquais est déjà parti pour vous aller chercher de la symphonie. C'est mon tour: vous m'avez fait égosiller à danser; mais vous le ferez au cors de chasse, où le diable vous emportera. En effet, deux cors, violons, hautbois arrivèrent, & il fallut obéir.

Ranimés par ces instrumens, nous fîmes bientôt de gré, ce que nous n'avions commencé que par force. Briquenai, & son ami, se raccommodant avec leurs maîtresses, nous imitâmes leurs transports. De cadence en cadence, nous fîmes à peu près comme la chandelle qui s'éteint. Je parle sur-tout de moi, qui n'étant point accoutumé à la vie que je menois depuis quelque temps, payai bientôt en détail tous les plaisirs que j'avois goûtés, ou plutôt les débauches auxquelles je m'étois livré. Ce qui m'arriva, est le moins qu'on ait à craindre en pareil cas. J'entends un dérangement de santé presque inévitable. Si ce n'est tôt, c'est tard; mais toujours à propos, quand après tout on écoute ce réveil de la Providence.

C'est un malheur pour tout le monde en général, & pour les jeunes gens en particulier, que de regarder la santé moins comme un bien, que comme une exemption de peines. J'avoue que c'est sur-tout un de ces biens dont on ne connoît le prix que lorsque l'on cesse de le posséder. Mais est-ce donc que tant & tant d'exemples ne suffiront jamais pour persuader qu'il qu'il n'y a point de pareils tréfors ; & que, ne fût-ce que la crainte de le perdre, on devroit moins le rifquer ! J'en doute. Mais quoiqu'il en foit, heu eux quiconque ne s'expofera pas à en faire l'expérience ! Un jeune homme d'un bon tempérament réfifte une fois, deux fois. Cela même, avec fes paffions, le féduit ; mais pour me fervir d'un Proverbe : *Tant va la cruche à l'eau, qu'à la fin elle fe caffe*, & j'ofe dire qu'il n'y a plus de remède.

Briquenai ne cherchant qu'à fe ranimer, & nous avec lui, fe mit tellement en belle humeur, qu'il paroiffoit moins finir la partie que la commencer. Le fouper étant fervi, & chacun s'étant placé à côté de fon objet, il attaqua fa maîtreffe, mais d'une façon tout oppofée à la précédente. Il fuppofa, ce qui certainement n'étoit pas, c'eft-à-dire, qu'elle fe reffentoit du paffé, & qu'elle lui faifoit la mine. Je crois que tu boudes, lui dit-il ? Oui, parbleu ! elle boude, & je voudrois bien favoir pourquoi. Baife-moi, ajouta-t'il. Si tu ne veux pas, laiffe-t'en ; mais pourtant je le veux, & que tu me prouves aujourd'hui ce que l'on a dit il y a mille ans, que

la colère des Amans n'est qu'un redou-
blement d'amour. Dépêche-toi, autrement
je pars, comme tu fais, & je te laisse-là.
Plutôt mourir, lui répondit-elle en se jetant à son col. Tout méchant que tu es,
je prétends te suivre par-tout. S'accolant,
les voilà à nous donner la comédie, &
bientôt presque la tragédie.

Ce n'est pas le tout, reprit Briquenai
après avoir assez folâtré; tu m'aimes, à
ce qu'il paroît, mais j'en veux d'autres
marques. Quelles ? Parle, tout est à toi.
Je veux, continua-t'il, te faire un suçon
sur l'œil; c'est un témoignage par excel-
lence, & le sceau que je donne pour un
bail aussi long que celui d'une campagne.
La pauvre fille ne savoit ce que c'étoit,
non plus que la plupart de nous. Elle
lui prête amoureusement son œil, &
Briquenai se mettant à le sucer, il le tire
à moitié de la tête, & le rend aussi noir
que la cheminée. Ayant lâché prise, nous
tombâmes dans la dernière surprise,
croyant qu'il l'avoit éborgnée. La petite
Poussette, & l'ami de Briquenai, se mirent à faire de grands éclats de rire. Les
autres ne disoient mot, ni moi sur-tout,

qui me fâchai pour la première fois contre a maîtresse, & lui reprochai le plaisir qu'elle prenoit à cette cruauté.

J'en étois si frappé, que je me fusse peut-être fait une affaire avec Briquenai, si Pouffette ne m'eût dit que ce n'étoit rien; que lui-même lui avoit une fois joué le tour pour l'empêcher de sortir, & qu'elle en avoit été quitte pour garder la chambre, comme il le vouloit. Cela m'appaisa, mais non pas l'éborgnée, qui se voyant au miroir, & croyant réellement avoir perdu l'un de ses plus beaux ornemens, vint avec furie pour lui sauter à la gorge & l'étrangler. Briquenai, sur ses gardes, la repouffa. Démon! lui dit-elle, car pour le coup je vois bien que tu en es un, dès hier tu commences à me faire mourir; & parce que j'ai pris patience, tu m'achèves aujourd'hui. C'est donc pour cela, Monsieur le tigre, que vous avez ce soir si bien fait le mâtou? Ne crois pas que tu m'échappes. Je t'enverrai aux enfers, dussai-je y descendre avec toi.

Briquenai d'un air grave se plaisoit à la regarder. Admirez, nous dit-il, ce poing sur le côté; cet autre prêt à faire rage;

un œil qui marque déjà le fruit de la guerre ; l'autre une grenade allumée, & pardessus tout ce visage qui ne respire que flammes. Cet attirail n'étoit que trop vrai, & peu s'en fallut qu'il ne causât malheur. Notre petit Démon, repoussé & enragé, se jeta sur une de nos épées, qu'elle apperçut à côté, & la tirant elle fondit sur Briquenai pour l'en percer. S'il n'eût paré le coup de la main, la tragédie étoit jouée. Nous sautâmes sur elle, & l'empêchâmes de redoubler ; mais rien ne put la calmer, que lorsqu'on lui certifia que son œil en reviendroit, & qu'elle en seroit quitte pour se tenir quelque temps en papillottes. En effet, ce n'étoit pas proprement son œil qui étoit sorti, mais la paupière gonflée & noircie, sans le moindre sentiment de douleur.

L'ayant mise à la raison, Briquenai commença derechef à la turlupiner. Il lui jura que son courage l'embrasoit plus que jamais, & qu'au lieu d'un œil, c'étoit un teton qu'il vouloit lui ôter, afin d'en faire une Amazône. Ils se raccommodèrent pourtant ; mais comme il étoit déjà tard, ce ne fut que pour se retirer. Nos carrosses, que nous avions renvoyés, étoient de retour à la porte. Nous prîmes à table même congé les uns des autres. Le Chevalier en passant rentra avec sa maîtresse, & j'en fus faire autant chez la mienne.

Fatigué, je me mis au lit, & n'en sortis que le lendemain à midi pour manger d'un excellent potage que je trouvai tout prêt. Ma petite Poussette ayant un rôle à étudier, se retira; & moi avec le Chevalier, qui étoit venu me retrouver, nous nous mîmes aussi à déclamer. Nous passâmes ainsi notre temps jusqu'à l'heure du souper. A table nous trois, nous n'eûmes certainement pas moins de plaisir qu'à la partie que nous venions de faire. Nous avions peine à nous séparer. Cependant nous le fîmes, mais pour ne nous pas quitter. Le Chevalier & moi nous couchâmes ensemble; & ma petite Poussette, bien aise aussi d'avoir du repos, sur-tout ayant à jouer le lendemain, se retira dans un petit lit qui ne servoit qu'en pareil cas.

Nous étant réunis le matin, nous nous amusâmes à tout ce que nous pûmes jusqu'à l'heure de la Comédie. Nous y allâmes ensemble tous trois ; mais je ne f[us] pas peu surpris d'y voir arriver le Prince, sur-tout ce jour-là que la Desmares ne jouoit pas. Le voyant de loin, je cour[us] & me rangeai en révérence. *Te voilà* me dit-il ; *c'est une modestie.* Assurément, Monseigneur, & je crains une autre fois de n'avoir plus de congé. *Oui, tu l'auras*, reprit-il, *mais à condition*, ajouta-t'il en se panchant sur moi & d'un ton plus bas, *que tu reviendras avec moi, car cet Abbé me laisse mourir.* Fort bien, Monseigneur, je suis prêt à l'ordre. En effet, je le suivis sur le théâtre, & à mon habit près on eût dit que j'étois arrivé avec lui.

Cependant voulant avertir le Chevalier & la petite Poussette, je m'échappai à la fin de la première pièce, & les trouvai tous deux ensemble. Triste nouvelle, leur dis-je ; il faut que je me retire avec le Prince. Ma foi je m'en suis quasi douté, me dit le Chevalier, après ce que Mademoiselle vient de m'apprendre. Quoi ? C'est que la Desmares a fait dire au Prince qu'elle étoit malade, & je m'imagine qu'il n'est ici que par désespoir. Oui, reprit Poussette; Mademoiselle Desmares feroit beaucoup mieux de s'en tenir au réel, que de courir à l'imaginaire. Ceci étoit une énigme pour moi. Voulant la pénétrer, la petite Poussette l'expliqua. Il s'agissoit de Baron, Roi de Théâtre, que la Desmares, comme tout le monde l'a su depuis, préféroit au Prince. Ma gentille maîtresse se plaignoit du caprice de son amie, qui nous arrachoit l'un à l'autre plutôt que nous ne l'avions prévu.

Elle me dit, & je ne sais trop pourquoi, qu'elle voudroit bien savoir si la Desmares auroit eu l'audace de faire le compliment au Prince lui-même, ou si elle l'auroit fait à quelqu'un de sa part. Je lui promis de le savoir, & rien en effet ne m'étoit plus aisé. Je les quittai. En rentrant sur le théâtre, j'abordai un des Pages qui accompagnoient le Prince. C'étoit un jeune homme d'environ onze à douze ans, que la stature renvoyoit encore plus vers l'enfance, mais d'ailleurs espiégle, s'il en fut jamais. Je lui demandai à quelle heure le Prince étoit sorti de son Palais, & s'il étoit venu en droiture. Oui, dit-il, en droiture autant que cela se peut. Comment autant que cela se peut ? Sans doute, reprit-il : est-ce que nous pouvions nous empêcher de passer chez la Desmares ? Quoi le Prince a passé chez la Desmares, & il n'y est pas demeuré ? Qu'y aurions-nous fait, repliqua-t'il ; lui voir rendre un lavement qu'elle avoit pris ? Mais c'est une carogne, qui, je suis sûr est actuellement à s'en faire donner. Te tairas-tu, lui dis-je. Non pardié ! & je veux même que le Prince le sache. Je connus bien qu'ils avoit quelque chose ; mais comme la petite pièce commençoit, je différai à le questionner jusqu'à notre retour.

Je demeurai encore un moment près de lui. Aussi-tôt que je le vis attentif, je me glissai, parce que je ne le voulois pas avec moi ; & allant trouver Poussette, qui étoit à m'attendre avec le Chevalier, je lui appris ce qu'elle vouloit savoir. Elle conclut, comme elle avoit déjà fait, que la Desmares étoit une fanatique, qu'elle l'avoit jusques-là retenu, mais qu'elle voyoit bien à présent que la folie prenoit le dessus. C'est ainsi que gros Jean remontre quelquefois à son Curé. Je crois pourtant que si la petite Poussette avoit été dans le cas, elle se fût mieux gouvernée; c'est-à-dire, que quoique Comédienne, elle avoit trop de sentiment pour donner à un grand Prince aucun rival de sa troupe. L'ayant satisfaite, je lui souhaitai le bon soir & à mon ami. Buvez à ma santé, leur dis-je, & qu'absent de corps, je vous sois aussi présent à l'esprit, que vous êtes sûrs de l'être au mien.

La Comédie finie, je suivis le Prince, & fus au Palais-Royal terminer mon congé. Soit que mon maître s'imaginât que je pouvois avoir quelque regret & qu'il voulût m'en consoler, soit que satisfait de mon obéissance elle lui rappellât la mémoire, il me donna dès en arrivant la montre qu'il m'avoit promise. *Va voir l'Abbé*, me dit-il après, *soupe avec lui, car il n'ose paroître en compagnie; & trouvez-vous tous deux de bonne heure à mon coucher.* Je fus en effet trouver l'Abbé; mais quoique bien aise de le voir, je le priai de me laisser aller causer un quart-d'heure avec mon petit camarade.

J'ai déjà dit que c'étoit un espiégle; mais ce n'est pas assez. Par-là on entend, sur-tout dans un Page, une méchante malice, & quelquefois assez peu d'esprit : mais dans celui-ci, au contraire, il y avoit beaucoup d'esprit, & d'ailleurs un cœur excellent, ce qui le rendoit malin sans être mauvais. De tous les Pages, c'étoit celui qui me revenoit le plus. Quoique jeune, il étoit mon ancien ; & si je ne m'étois pas déjà beaucoup lié avec lui, c'est que nos âges, & sur-tout son air enfantin, s'y opposoient. Cependant, comme je commençai dès-lors à ne plus avoir égard à ces obstacles, & que bientôt même je le chéris de la plus tendre amitié, je ne crois pas seulement devoir dire son nom, mais éclaircir mieux son portrait.

Il s'appelloit Robillard, Gentilhomme à toute épreuve, mais qui, comme bien d'autres, n'en étoit pas plus à son aise, & avoir besoin de protection. Il étoit beau comme un ange ; bien pris dans sa petite taille, qui charmoit alors, & ne lui laissoit rien à souhaiter que de grandir avec l'âge ; ce qui n'arriva jamais, du moins à son gré. Pour le cœur & l'esprit, rien ne promettoit plus. Tous deux portoient les plus belles semences. Aussi, loin de rien perdre en germant, elles ne firent qu'acquérir ce qu'il leur manquoit. Je trouvai toujours dans ce jeune homme un véritable ami. C'est aussi ce qu'il trouva toujours en moi; & quoique le plus propre à me donner de l'ombrage, je n'en pris jamais que pour le servir, & lui procurer un sort beaucoup plus doux que je n'ai fait pour moi-même.

Ayant donc quitté l'Abbé, je fus chercher mon petit Robillard; je le trouvai. Qu'avois-tu, lui dis-je après l'avoir mis sur les voies, pour parler comme tu as fait de la Desmares? Ce que j'avois, répondit-il, le voici. Le Prince avant que de passer lui-même chez elle, m'a envoyé voir si elle y étoit. On m'a répondu d'abord que non; mais l'ayant apperçue de l'antichambre où j'étois, par la porte même que sa femme-de-chambre fermoit, j'ai fait du bruit, & je lui ai dit qu'elle mentoit. Malgré elle, je suis entré. Non-seulement j'ai trouvé la Desmares, mais un homme qui s'échappoit dans son cabinet de toilette. Que veut dire cela, Madame, lui ai-je dit? Que veut dire cela vous-même, m'a-t'elle répondu? Est-ce ainsi qu'on entre, sur-tout quand on vous fait dire qu'on n'y est pas ? Assurément, je le vois que vous n'y êtes pas, ni vous ni personne. Est-ce que vous ne savez pas que quand une Dame est indisposée, elle n'y est jamais. Assurément, & c'est le Médecin sans doute ou l'Apothicaire que j'ai vu fuir par cette porte. Que vous importe ; dites seulement au Prince que je suis malade, & que je ne reçois personne. Moi, me suis-je écrié en levant le pied, je ne sais pas mentir si impudemment. En effet, j'aurois fait l'histoire au Prince, si je l'eusse trouvé seul ; mais ayant avec lui plusieurs Seigneurs, il m'a fallu malgré moi obéir à cette carogne. Sans doute qu'il n'a pas même voulu m'en croire, & que c'est pour cela que nous y avons passé: mais pis encore que la première fois, on a dit à mon camarade qu'elle avoit pris un remède. Tu vois bien, m'ajouta-t'il, que l'honneur de notre Prince y est intéressé. Comme tu peux mieux lui parler que moi, fais-le, & sois certain que ce que j'avance, je suis prêt à le soutenir. Hélas ! c'est de quoi il s'agissoit le moins ; mais il ne le savoit pas encore, ni moi non plus.

De retour auprès de l'Abbé, je n'eus

rien de plus preffé que de lui raconter ce que je venois d'entendre. Tant mieux, me dit-il, cela me servira peut-être à rompre encore une fois un commerce qui mine le Prince. Ce discours me piquant de curiosité, je priai l'Abbé de vouloir la satisfaire. Est-ce donc, reprit-il, que tu ne sais pas que cet amour n'est qu'un jeu renouvellé des Grecs ? Oui bien, mais le reste ? Le reste, repliqua-t'il, c'est que la Desmares est une vraie Messaline, plutôt lasse que rassasiée. Je ne t'en citerai qu'un exemple, mais qui je crois te suffira. Dans le commencement que le Prince la vit, ou plutôt au fort de sa première intrigue, elle s'avisa de devenir enceinte. Le Prince réjoui, & voyant qu'elle avançoit heureusement, lui dit un jour, frappant sur sa bedaine : *Bon, cela va bien.* Oui, Monseigneur, répondit-elle ; mais il y manque encore les cheveux, & je vous prie de les faire l'un après l'autre. Cette prière que le Prince se plût à regarder plutôt comme une marque d'amour que de lubricité, l'embrasa tellement, qu'il voulut la rendre efficace. Mais déjà épuisé, il pensa mourir à la peine. La maladie qu'il eut servit à faire connoître la Messaline. Au lieu de mener deuil, ce n'étoit chez elle que duo, & sur-tout avec Baron, ce Roi des Comédiens. C'est lui que sûrement ton camarade a trouvé encore avec elle: mais comme cette indigne concurrence m'a déjà servi deux fois à faire rompre le Prince, j'espère qu'elle me réussira encore.

Sur l'ordre que j'avois reçu de nous trouver de bonne heure au coucher, nous ne fîmes, l'Abbé & moi, que croquer le souper & nous y rendre. Le Prince parut bientôt. Toujours languissant, s'il ne se livroit à ses sens, il avoit l'air le plus ennuyé. *Hé bien*, dit-il, *vous voilà ? Que faire ? Serons-nous toujours en carême ?* En carême, Monseigneur, répondis-je! Hé! nous en sortons. *Innocent*, repliqua-t'il, *n'est-ce pas toujours carême, quand on fait comme moi pénitence depuis quatre ou cinq jours. Je croyois le rompre aujourd'hui, & emmener la Desmares à St. Cloud, mais elle est malade* L'Abbé prenant l'occasion aux cheveux, se mit à dégoiser. Avez-vous donc, Monseigneur, dit-il au Prince, oublié ce que c'eſt que cette femme ? Une ingrate, une perfide, qui ne vous préfère pas ſeulement à un Comédien, mais qui vous abyme. *Oui, oui, répondit-il, autrefois, mais plus à préſent.* A préſent même, repliqua l'Abbé ; & le Page que vous avez envoyé a encore trouvé cet indigne rival avec elle : c'eſt même pour lui que vous jeûnez. Voyez le bel honneur, ou, ſi vous voulez, le beau plaiſir. *Si cela eſt,* dit le Prince, *elle me trompe ; mais quand tu me dirois vrai, que veux-tu que j'y faſſe ? Cela, & le compliment que tu ſais qu'elle m'a fait, prouve que ſon cœur eſt à Baron & ſon corps à moi. Il eſt ſi beau, que je voudrois actuellement le voir, & que je ne m'embarraſſerois guères qui l'a vu.* Paſſe, repliqua l'Abbé ; mais comme je ne ſais pas moins qu'elle vous fatigue plus en un jour qu'une autre en quatre, vous renoncerez, s'il vous plaît, à ce commerce ; il faut faire vie qui dure.

Erreur, interrompit le Prince ; *vie qui dure, eſt une vie qui ennuie ; & j'aime mieux l'abréger avec un objet que j'aime, que la prolonger avec un objet que je n'aime pas.* Quoi ? vous aimeriez encore une femme qui avoue elle-même que son cœur n'est pas à vous ? *Que m'importe, si le reste est à moi : mais, crois-moi, cela est bon pour le discours ; & quand nous sommes ensemble, elle sait fort bien dire que je vaux mieux que n'a jamais fait Baron.* Justement, reprit l'Abbé ; ce n'est pas pourtant ce que vous m'avez fait entendre depuis que vous avez renoué : mais puisque vous me l'avouez, ne croyez pas que je vous laisse continuer. Votre santé, je dirai plus, votre honneur, votre délicatesse que la conduite de cette femme blesse un peu trop ouvertement, me font espérer que vous ne la verrez absolument plus.

En effet, quoiqu'en dit le Prince, ce fut ce qui le détermina à abandonner la Desmares encore mieux qu'il n'avoit fait ; & s'il la revit, ce ne fut plus jamais qu'en passant. Pour affermir ce sacrifice, & surtout pour remédier à la disette présente, il n'y eut rien que l'Abbé ne promit. Il assura même qu'il en avoit trois ou quatre en vue pour la belle saison à Saint-Cloud ; que le Prince pouvoit partir quand il voudroit, & que pourvu qu'il me laissât lui prêter main-forte, il auroit bientôt lieu d'être content. Le Prince lui accorda tout ce qu'il voulut ; mais la Providence qui veilloit sur moi, me prit sous sa protection. Je veux dire que me châtiant d'une bonne fièvre, elle arrêta, non-seulement le cours de mes désordres, mais elle m'empêcha encore de me prêter à la manœuvre de l'Abbé.

Dès le lendemain, le Prince alla coucher à St. Cloud. L'ordre néanmoins n'avoit été donné que pour le jour suivant ; mais déjà averti, & quasi prêt, chacun du matin au soir le fut aussi. *Je vous laisse*, nous dit le Prince en partant. *Songe, Abbé, à ce que tu m'as promis ; & toi, Chevalier, ne le laisse point endormir.* Vaine recommandation. A peine fut-il disparu, que je commençai à trembler la fièvre.

L'Abbé qui étoit déjà à m'entretenir de ses projets, me demanda ce que j'avois. Ma foi je ne sais, répondis-je, c'est un froid qui me tracasse, & dont je n'eus jamais le pareil. Voyons, reprit-il, donne-moi ton pouls. Il me tâte, & conclut que j'avois la fièvre. Ce ne sera rien, reprit-il ; mais pourtant faisons faire bon feu & réchauffe-toi. Avant que d'être servi, le friſſon s'augmenta tellement que l'Abbé, changea d'avis, & me fit mettre au lit. Le Médecin qu'il avoit envoyé chercher, arriva. Il ordonna auſſi-tôt la ſaignée pour couper, diſoit-il, racine au mal. Malgré cela, je penſai en mourir, & n'en fus bien guéri que plus d'un an & demi après. Voilà les moindres fruits de la débauche. Heureux encore, ſi j'euſſe aſſez profité de celui-ci, pour n'en mériter jamais d'autres !

Cependant l'Abbé, à qui le Médecin avoit dit que j'en aurois au moins pour quelques jours, envoya un meſſager au Prince. Je fis avertir le Chevalier. Il accourut, & lui & l'Abbé me tinrent compagnie, juſqu'à ce que, par ordre du Prince, je partis pour le joindre à Saint-Cloud. Malgré ce qui arrêtoit l'Abbé, il vint me remettre, pour ainſi dire, dans les bras de mon tendre Maître. C'eſt là, & dans toute la ſuite de cette maladie, que je reconnus en effet ſa tendreſſe pour moi. *Viens, moribond,* me dit-il en me voyant, *& que je prenne moi-même ſoin de ta ſanté.* Je crois que ſi j'avois pu être guéri, je l'euſſe été rien qu'à ſes paroles. Ce n'étoit pas ſeulement le devoir, mais un véritable penchant qui m'attachoit à ce grand Prince, & qui me rendoit sensible à l'excès à toutes les marques de bienveillance qu'il me donnoit. Il m'ordonna de m'asseoir, & me tâta le pouls. Ce n'étoit pas l'heure de ma fièvre, mais bientôt elle arriva, & il me fit conduire dans l'appartement le plus commode, & le plus à portée du sien. Sur le soir, l'Abbé vint me voir. Adieu, me dit-il, je retourne à Paris : prends courage, & que quand je reviendrai, tu sois en état de donner ton avis.

J'aurois bien voulu que le Chevalier, que j'avois forcé de ne pas venir dans la crainte de le trop gêner, eût été avec moi pour me tenir compagnie ; mais au lieu de lui, ce Prince me faisant demander qui je voulois, je choisis le petit Robillard. Il me fut envoyé. C'est alors que je me liai étroitement avec lui, & que le connoissant de plus en plus, je ne fus pas moins charmé de son bon cœur que de son esprit. Je le fis connoître au Prince. Il entra dans sa confidence ; mais proportionnellement à son âge & à sa stature, qui le laissoit fort en arrière.

Le Prince me recommandant tous les jours à son médecin, je l'avois presque sans cesse dans ma chambre pour veiller à ses remèdes, & sur-tout à ma diéte. Cela n'empêcha pas que ma fièvre continuant & redoublant, je ne me visse bientôt sans force, & presque à l'extrêmité. Le Prince lui-même ordonna alors de suspendre tout remède, & de laisser agir la nature. Plus sage que le médecin, elle rendit d'elle-même ma fièvre quarte, & par conséquent beaucoup plus commode, puisque je repris des forces, & que j'eus le temps de sortir & de me promener. Ce ne fut pourtant qu'après avoir gardé trois semaines la chambre & perdu toutes mes chairs, comme un squelette. Pendant ce temps-là l'Abbé étoit souvent venu me voir. Il avoit même essayé de m'entretenir de ses prouesses ; mais je l'avois toujours remercié, & n'avois rien voulu entendre que de mon petit Robillard & du Chevalier, qui venoient me voir de temps à autre.

Cependant, lorsqu'on me crut assez ressuscité, il fallut, bon gré, malgré, entrer en connoissance de ce qui se passoit. L'Abbé n'avoit pas laissé que de tenir parole au Prince sans moi. De trois ou quatre qu'il avoit promises, il y en avoit déjà deux rendues à discrétion; une troisième en capitulation; mais la quatrième, qui seule valoit plus que tout le reste, tenoit bon, ou plutôt ne laissoit rien à espérer. C'étoit une veuve du Palais Marchand, que l'Abbé en rodant avoit découverte, & qu'il eut même proposée au Prince au lieu de la Clincaillière, s'il n'avoit pressenti en elle beaucoup plus de difficulté. Depuis il n'avoit cessé de la tenter; & quoiqu'en dernier lieu il lui eût fait des offres plus riantes qu'on ne fit jamais à Laïs, rien ne l'avoit ébranlée.

Tant qu'on eut à St. Cloud fruit nouveau, cela alla bien, & on ne songeoit à cette veuve que pour la regretter; mais tout étant devenu pain quotidien, tant les trouvailles de l'Abbé, que les Dames de la Cour qui alloient & venoient, on dressa contre elle une dernière batterie. Ce fut l'Abbé qui en fit tous les frais & qui se prêta de lui-même à une manœuvre inouïe, mais que je suspens, pour ne pas déranger l'ordre des événemens.

Dans cet intervalle de fièvre, où j'appris

ce que je viens de rapporter, je vis aussi les deux femelles que l'Abbé avoit procurées au Prince. Je les pris aisément pour ce qu'elles étoient, c'est-à-dire, pour deux petites Bourgeoises, jeunes, & assez jolies pour un temps de famine. C'est même la réponse que je fis au Prince lorsqu'il me demanda ce que j'en pensois. Trois jours après arriva celle qu'on attendoit. Je sortois précisément de mon accès. Aussitôt on m'avertit. J'allai, & trouvai une des plus aimables filles du monde. On pouvoit remarquer à l'accueil que le Prince lui fit, qu'il la trouvoit ainsi. Pour elle, on fit bientôt ce que je n'avois pas encore vu, & que je n'ose presque raconter.

Le Prince avoit apporté d'Espagne un goût fort original. C'étoit, à l'imitation de ce qu'il avoit fait plus d'une fois avec la Marquise Sancta Maria, de se mettre nu, & de souper ainsi en partie. Il appelloit cela du même nom, qu'autrefois le souper des Déesses. Quand il en parla, une répugnance, dont je n'étois pas le maître, me fit féliciter de ma fièvre, croyant qu'elle me garantiroit. Point du tout. Le Prince peut-être n'eût pas insisté; mais le maudit

Abbé, qui se piquoit de m'aimer, voulut que je fusse de la partie, & leva toutes les difficultés. Il dit, lorsque le Prince même alléguoit le danger, qu'il répondoit de tout. *De l'exposer à l'air*, ajouta-t'il, *non, je l'aime trop*; mais je lui ferai faire un pourpoint couleur de chair, si naturel & si bien pris, que vous-même, Monseigneur, en serez charmé. *Fort bien*, répondit le Prince, *mais qu'en feras-tu ?* Ce que j'en ferai, repliqua-t'il, un Faune, s'il plaît à Dieu.

Plus piqué de l'expédient qu'il avoit trouvé, que de sa métamorphose, je répétai, après lui : Oui, un Faune ; mais à condition que vous ferez le Satyre. *Te voilà pris*, s'écria le Prince, *& ce que tu n'as jamais voulu faire pour moi, tu le feras pour le Chevalier, où je ne permets pas qu'il s'expose.* Hé bien, Monseigneur, sa vengeance vous en donnera le plaisir. Je vois qu'il seroit trop aise de n'être pas Faune, mais il le sera, dussai-je moi-même être diable.

Le plaisir que le Prince trouvoit dans ces sortes de parties, & celui qu'il se promettoit en particulier de voir sa nouvelle

Concubine en Déesse, & l'Abbé, disoit-il, dans son naturel, fit qu'il assigna cette belle fête au premier jour de chaleur. Il ordonna à l'Abbé de pourvoir à tout l'attirail dont chacun avoit besoin, & sur-tout à une pomme d'or; parce qu'il se proposoit de faire lui-même le Berger Pâris. Tout en effet l'y invitoit. L'Abbé, & moi, Demi-Dieux, ou plutôt Démons de Forêts; les trois Concubines, pour représenter Junon, Minerve & Vénus; & le petit Robillard, déjà malheureusement initié dans ces mystères, pour paroître en Cupidon.

La fête ainsi conclue & arrêtée, l'Abbé se rendit dès le même jour à Paris. Le lendemain il m'arriva compagnie; le Chevalier, ma petite Poussette qui l'avoit persécuté pour l'emmener, & la maîtresse de Briquenai, celle qu'il devoit mener en campagne, & qu'il avoit néanmoins laissée. Comme te voilà fait, me dit ma Poussette les larmes aux yeux; mais encore, Dieu soit loué, puisque je te revois. Que viens-tu faire? lui répondis-je. C'est ici à présent bien pis que chez Briquenai. Crois-tu donc, repliqua-t'elle, que c'est toujours
l'homme

l'homme que je cherche ? Non, non, continua-t'elle, redresse-toi là-déssus, c'est tout ce que je veux. Bien t'en prend, repartis-je, car c'est aussi tout ce que je puis, excepté de vous donner à tous trois bien à dîner, & vous tenir sobrement compagnie.

Du Château, je les menai à notre cabaret ordinaire. Là ma Poussette se plaignit amérement de ce que je ne lui avois pas fait savoir que je fusse malade, ni que je partisse pour la campagne. C'est apparemment, me dit-elle, le ressentiment du Prince à l'égard de ma fanatique tante qui est retombée aussi sur moi ? Ne voulant ou ne sachant que répondre, je fis semblant de ne pas entendre, & brisai en demandant à la maîtresse de Briquenai, pourquoi elle ne l'avoit pas suivi, le Chevalier m'en ayant déjà depuis long-temps fait les adieux ? Je n'ignorois pas ce qui s'étoit passé, mais j'étois bien aise de la faire jaser. Bon, me répondit-elle, demandez à Monsieur & à Mademoiselle. Il n'en étoit pas nécessaire; mais sans s'en embarrasser, elle ajouta que Briquenai leur donnant à souper la veille de son départ, il avoit fait apporter un vieil habit de livrée de son laquais, & que c'étoit là l'uniforme qu'il avoit voulu lui donner. Que dites-vous de cela, termina-t'elle ? Je ne l'aurois jamais cru, répondis-je ; mais c'est apparemment une suite des griefs que vous lui aviez donnés. Non, non, repliqua t'elle, vingt fois depuis il m'avoit juré en être bien guéri. C'est donc, repris-je, qu'il étoit las de le faire, & que ne voulant pas tout-à-fait vous manquer de parole, il a usé de stratagême pour se débarrasser. Dites plutôt, s'écria-t'elle, que ce n'est qu'un fourbe, un parjure, un démon depuis les pieds jusqu'à la tête.

Je fis ce que le Chevalier & ma Poussette avoient déja fait plus d'une fois. Je l'appaisai, la consolai, & lui promit ma protection, jusqu'à ce qu'elle eût trouvé chaland. Poussette lui réitéra sur-tout de garder le décorum, de ne pas se venger à tout venant, ni faire métier & marchandise de ses talens. Le Ciel, ajouta-t'elle, en nous donnant un certain cœur, nous fait souvent un bien mauvais présent. D'abord on nous trompe, puis venge, venge ; nous poussons si loin la vengeance, que nous en devenons la victime. Quel triste sort alors que le nôtre ! On ne nous recherche qu'avec mépris, on ne nous possède qu'avec crainte, & sur le champ suit le dégoût.

Que ma Pouffette eût de l'esprit & du bon sens, il est sûr ; & ce que je viens de dire le prouve. Mais qu'avec cela elle fût tombée dans le même cas où elle étoit, cela me surprit, & je ne pus m'empêcher de lui en demander la raison. Hélas ! me répondit-elle, le sort des femmes en général est bien triste. S'il en meurt une sage, je crois même que c'est en combattant. Mais un surcroit de malheur, continua-t'elle, c'est qu'elles n'ont pas seulement à se donner de garde d'elles-mêmes, mais de tous les hommes, qui comme autant de Prothées prennent toutes sortes de formes pour les séduire, & sans raison les laissent-là. Tu ne seras pas du nombre j'espère, finit-elle en m'embrassant, parle, & rassure-moi. Par malheur j'étois dans le frisson de ma fièvre, & toute la réponse qu'elle eut, fut que j'y verrois. Tu y verras, s'écria-t'elle : hé bien, je te jure que tu seras le dernier. En effet, bientôt elle me le prouva, & en véritable Madeleine elle se retira aux Madelonnettes.

Cependant mon frisson s'augmentant, le Chevalier me donna le bras, & prenant froidement congé je gagnai avec lui le Château & mon appartement. Adieu, lui dis-je, retourne à tes femelles, & à moi le plutôt que tu pourras. Bien différent de ce que je sentois pour Poussette, je ne souffrois qu'à regret de le voir aller. Cela prouve combien les liens de l'amitié sont au dessus de ceux de l'amour: je ne dirai pas seulement d'un amour comme celui-ci, mais de tout autre, qui n'a pas pour base ce qui pourroit indépendamment faire naître l'estime ou l'amitié.

Avant que je fusse quitte de cet accès, l'Abbé étoit déjà de retour de Paris. Il avoit apporté avec lui une partie des agrès que le Prince lui avoit ordonnés : le reste devoit venir; & sur-tout un homme pour coller sur moi une autre peau que la mienne. Le tout arriva. On m'envoya l'homme, qui après m'avoir mesuré de pied en cap, me tailla un habit à la Houzarde. C'étoit tout peau de chien bien colorée, mais que je fis doubler de fine toile pour la propreté ; car de la chaleur, dans le fond je m'en inquiétois le moins. L'habit étant fait, je le vêtis. Rien au monde n'alloit mieux. Le Prince vint le voir ; & comme l'Abbé l'avoit prédit, il en fut charmé.

Tout étant prêt, on n'attendoit plus que le chaud. Je souhaitois réellement de ne le voir jamais. Cependant il arriva, & sans raisonner il fallut entrer dans l'appartement destiné au mystère. C'étoit une grande salle bien boisée, que le valet-de-chambre, ou ame damnée de l'Abbé, avoit préparée & illuminée. Là chacun se déshabilla, & se prêta réciproquement la main pour donner & recevoir les attributs des Divinités. Cela fait, on ne fit plus que s'admirer jusqu'au souper. Peut-être se figureroit-on quelque chose d'admirable si l'on pouvoit faire abstraction de ce qu'il a de détestable, ou si la fièvre eût obligé tous les acteurs à se corriger comme moi. La même pudeur qui souffriroit à lire certaines remarques, m'empêcha alors de les faire, & me dispense par cela même d'en parler.

L'heure du souper étant venue, Satyre & Faune dressèrent la table ; mais comme l'un n'étoit pas moins foible que l'autre & mal-adroit, la fière Junon & la sage Minerve furent obligées de prêter leurs divines mains. Cupidon même, je veux dire Robillard, laissa dans un coin Pâris avec Vénus sa mère, & mettant bas flêches & carquois accourut à notre secours. La table préparée, Pâris s'y plaça avec les trois Déesses. Satyre eut même l'effronterie de s'y mettre; tandis que Cupidon & moi servions le nectar & l'ambroisie.

L'un & l'autre alloient le prendre dans un tour. Le valet-de-chambre dont j'ai parlé les servoit en dehors, & tournant nous les recevions en dedans, & les portions aux Divinités attablées. Tout ayant été pris & servi, nous nous attablâmes nous-mêmes, & fîmes chorus divin. Après avoir bu à tous les Dieux, on se leva, & c'est alors que commença le Jugement de Pâris. La Déesse de Cythère reçut la pomme, comme autrefois. Junon n'en pensoit peut-être pas moins que celle de l'ancien temps, mais elle fut aussi sage que Pallas; & sans bruit ni vacarme, les portes s'ouvrirent, & l'assemblée se rompit. Ce ne fut pourtant qu'après nous être dégradés,

& de Dieux que nous étions, nous être rendus plus viles créatures encore qu'auparavant.

Abandonnant tout au valet-de-chambre, nous ne songeâmes qu'à suivre le défunt Pâris & sa Vénus. Lorsqu'ils furent parvenus où ils devoient être, nous les laissâmes se féliciter du jugement rendu, & chacun se conduisant soi-même, nous allâmes achever de nous reconnoître dans nos lits. Robillard, depuis qu'on l'avoit envoyé me tenir compagnie, couchoit dans ma chambre. Que penses tu, lui demandai-je quand je fus seul avec lui, de cette auguste & magnifique cérémonie ? Ce que j'en pense, répondit-il, c'est à moi de te faire cette question: tu es le plus âgé, le plus sage; & quoique j'aie l'expérience d'une partie à peu près semblable, depuis environ le temps que tu entras, je n'ai peut-être pas tant réfléchi que je fais avec toi dans ce moment. Quoi, repris-je, la pudeur ne t'a pas fait souffrir & alors & à présent ? Assurément. Hé bien que t'a-t'elle dit ? Que cela est fou & extravagant ? Oui, & moi aussi. Cependant, ajoutai-je, je veux garder précieusement mon habit ; &

& comme je me doute que je n'en ferai pas quitte pour cette fois, j'espère d'être toujours assez malade pour ne paroître jamais autrement.

Ma conjecture ne se vérifia que trop. Le Prince dans le besoin faisoit une nouveauté de ces renouvellemens, & celui-ci en fut une pour lui deux & trois fois par semaine dans le cours du mois. Le lendemain de cette première cérémonie, il me demanda *comment j'avois trouvé l'Abbé.* Il étoit parlant, Monseigneur, répondis-je à tout hasard; en effet, je ne l'avois guères remarqué. Le Prince, mais par une impression je crois bien différente, ne l'avoit pas mieux remarqué. *Il m'est échappé,* ajouta-t-il, *& pour juger de sa figure Satyrique, il faut que je la revoie.* Je me serois volontiers repenti de ce que j'avois hasardé, si j'avois pu croire que cela contribuât de quelque chose à la répétition de cette partie; mais je connoissois trop le terrein, pour n'être pas persuadé qu'indépendamment de ce que j'avois dis, nous la recommencerions bientôt. Peut-être eût-ce été dès ce même jour, si l'accès que j'attendois, & qui même me surprit, n'eut été un obstacle.

Aussi-tôt que le Prince me jugea en état, il m'envoya l'Abbé pour m'ordonner, & à Robillard, de nous tenir prêt. Mon petit camarade, à qui j'avois marqué un certain dégoût pour cette obscénité, en avoit déjà pris un réel. Vas-y toi, me dit-il ; pour moi je reste, & ne me livre plus à cette prostitution. Il n'est plus temps, mon ami, lui dis-je ; ou il faut vous déshabiller pour aller planter des choux, ou vous mettre en Cupidon. Je n'espère pas même que vous puissiez jamais avoir mon privilége, ni vous cacher sous une autre peau. Ainsi c'est à vous de voir; mais si vous m'en croyez, vous irez votre train, jusqu'à ce que vous vous soyez tout-à-fait consulté. Il m'en crut pour cette fois, & dans la suite ses parens, qui lui conseillèrent de prendre patience. Pour moi, toujours à l'abri de mes peaux de chien, je fis comme lui, mais pourtant avec cette répugnance qui prépare des regrets.

Nous étant soumis à l'avertissement de l'Abbé, nous nous rendîmes à l'heure & au lieu marqué. Tout se prépara comme la première fois, se maintint, & finit de même, à l'exception de la pomme qui avoit été donnée une fois pour toutes ; & du Satyre que Pâris considéra aux dépens de sa Vénus. Ceux qui ont connu ou seulement vu l'Abbé, peuvent aisément se figurer à quel point il ressembloit aux Satyres qu'on nous représente. Aussi le Prince, ne pouvant se lasser de le considérer & de rire, lui répéta une fois *que c'étoit un Satyre tout craché, & qu'il ne doutoit plus qu'autrefois il y en eut.* L'Abbé eut besoin de toute sa retenue pour ne pas s'irriter. Peut-être même fut-ce pour ne la point pousser à bout, que le Prince se souvint qu'il avoit là un spectacle aussi beau que celui-ci étoit laid.

Dans cette seconde fête, il y eut néanmoins encore une particularité. C'est que prête à finir, Pâris voulut que je dédommageasse Junon ; je remerciai. *Prends-donc Minerve*, ajouta-t'il. Elle est trop sage, repliquai-je. Ainsi, grace peut-être à la fièvre, au lieu de suivre ou d'amener l'une ou l'autre, je me retirai sagement avec mon petit Robillard. Le Prince répéta trop souvent cette partie pour ne s'en pas lasser bientôt, ou plutôt de sa Vénus même, qui au bout de quelques femaines ne pouvoit manquer d'être pour lui auſſi ancienne que la Vénus des Grecs. Tout l'ennuyant dehors & dedans, il tâcha de ſe diſtraire en allant & venant de Saint-Cloud à Paris. Le ſouper des Déeſſes fut donc pendu au croc, & deux ou trois voyages la ſemaine en prirent la place.

Ceci m'agréoit beaucoup. On me laiſſoit toujours mon petit Robillard, & pour nous deux tous les Maîtres que nous avions coutume d'avoir. Juſques-là je n'avois guères eu le temps d'en profiter. Je tâchai de le faire, & excepté mon ami le Chevalier, je me mis ſur le pied de ne recevoir perſonne. Il venoit le plus ſouvent qu'il pouvoit, & loin de nous déranger dans nos occupations, il les partageoit avec nous. Tu m'étonnes, me diſoit-il quelquefois; il me ſemble que tu aies déjà renoncé au monde. Que ne diſoit-il vrai! Mais cet heureux calme n'étoit pas de moi. Il venoit d'un mal périodique, qui chaque fois me mettoit à bas, & ne me laiſſoit en effet que du dégoût pour la vie. Si j'euſſe eu alors le bonheur de donner quelque étendue à mes réflexions, elles m'euſſent ſans doute retiré du précipice :

mais j'étois dans le cas de tous les jeunes gens, de n'être sensible qu'à mon mal, sans songer au bien que la Providence les met à même d'en pouvoir tirer.

Ce fut dans ce temps-là, & un jour même de grand accès, que je reçus la nouvelle de la mort de mon cher oncle. Mon laquais qui connoissoit le sien, vint me dire qu'il étoit-là, qu'il demandoit à me parler, & qu'il avoit un paquet à me remettre. Quoi, dis-je, la Tulipe, c'étoit le nom de ce valet, est ici ? Oui, Monsieur. Et son Maître ? ajoutai-je. Son Maître, repliqua mon laquais, je ne sais. Ah ! m'écriai-je, l'Oracle est rempli; fais-le entrer. Te voilà, la Tulipe, repris-je en le voyant ; qu'as-tu fais de ton Maître ? Hélas, Monsieur, me répondit-il, si mon air ne vous le dit pas, ce paquet vous l'apprendra. Je le sais déjà, repliquai-je ; il est où je voudrois être. Ayant pris le paquet, je le baisai néanmoins, plein d'amertume & de douleur. Mais je me consolai presque sur le champ, en criant : Que vous êtes heureux, mon cher oncle ! & que ne suis-je comme vous délivré de tous maux ! C'est un bien que vous pressentiez plutôt qu'un mal ; car cette vie n'est absolument que misère. Il ne manquoit à ma réflexion que de partir d'un cœur moins péhétré d'un mal physique que moral : mais plus dur que la roche, j'étois destiné à être martyr de la mauvaise cause, avant que de penser à la bonne.

M'étant assis sur mon lit, & ayant ouvert le paquet que la Tulipe venoit de me remettre, j'y trouvai cinq ou six lettres de mes parens ou amis ; & entr'autres une de mon père, pleine de condoléance sur la mort de mon cher oncle son beau-frère. J'appris, & la Tulipe me le confirma, qu'il avoit été tué en détachement, & que son corps dégagé des morts avoit été porté à un village près de Valenciennes, où il avoit été enterré. C'est par tes soins, sans doute, dis-je à la Tulipe, que cela s'est fait ? Oui, Monsieur ; c'est bien le moins que je dusse à la mémoire d'un si bon Maître. Mais ce n'a pas été sans peine, ni risque même de la vie.

La Trompe, continua-t'il, ce scélérat de camarade que me donna mon défunt Maître en partant d'ici pour la campagne, vouloit le dépouiller, prendre ce qu'il avoit, & le laisser-là. Je m'y suis opposé. Nous en sommes venus aux mains, & le pistolet au poing, je lui ai brûlé la cervelle. Moi seul ensuite j'ai pris mon Maître; son cheval étoit au diable : mais outre celui de la Trompe & le mien, j'en avois un de main, sur lequel j'ai lié, & garotté son cadavre, & le portant au village le plus proche, je l'ai fait enterrer noblement. L'argent que je lui ai trouvé m'a servi à cela. Le reste, avec ses équipages, je l'ai apporté à Monsieur votre père. Il m'a bien récompensé ; & comme malgré lui je suis venu ici chercher un autre Maître, il m'a chargé du paquet que je viens de vous remettre.

La Tulipe prenoit un singulier plaisir à me faire ce détail. Son zèle & sa fidélité me charmèrent ; je le grondai de ce qu'il n'étoit pas resté tranquillement chez mon père. Il me répondit, qu'étant accoutumé à une certaine fatigue, il n'avoit pu se résoudre à faire le fainéant ; que pourtant il ne vouloit plus servir d'Officier, parce qu'entre mille il ne trouveroit pas un Maître comme celui qu'il venoit de perdre ; mais qu'il me prioit de le recommander à quelque jeune homme qui pût le tenir en mouvement. Je lui promis, & lui offris même de le faire entrer au service du Prince. Pour cela, Monsieur, me dit-il, je vous remercie; valet petit-maître n'a jamais été mon fait. Un coup de peigne tous les matins; un coup de rasoir tous les quinze jours, cela m'accommode. D'ailleurs point tant de supérieurs; je n'aime à répondre qu'à un seul. Tu as peut-être cru, lui répondis-je, que je voulois te faire entrer valet-de-pied; non, mais chasseur; & à tous égards c'est ton affaire.

Chasseur, Monsieur! repliqua t'il; encore pis. Je n'aurois pas eu besoin alors de quitter la maison de Monsieur votre père. Il me l'a proposé; mais je ne sais chasser qu'au plat, & encore j'aime mieux ma pipe. Quoi? repris-je, toi qui tires si juste, tu n'as voulu ni ne veux être chasseur. Non, Monsieur, je tire bien, il est vrai, mais à deux doigts du crâne, comme avec mon coquin de la Trompe; l'épaisseur d'un cheveu de plus, j'y perds mon latin. Hé bien, lui dis-je commençant à me lasser, je verrai à te satisfaire.

En attendant voilà deux louis, prends & va boire à ma santé. De la santé, Monsieur, repliqua-t'il encore, je vous en souhaite autant qu'à moi-même ; mais pour de l'argent, je vous remercie. Mon cher maître, d'heureufe mémoire, me devoit, selon mon compte, une pistole sur six années de service. Au lieu de cela, monsieur votre père m'en a donné dix : jugez, Monsieur, si j'ai de quoi boire. Fort bien ; mais va, si la soif te presse, tu viendras me retrouver.

J'étois seul quand ce valet me fut annoncé ; c'est pourquoi je le fis jaser assez long-temps. Robillard, qui étoit allé faire un tour rentra, & déjà prévenu par mon laquais, il se mit à me consoler. Le Chevalier arrivant presque sur ces entrefaites, ce fut bien autre chose. Il savoit la douleur que j'avois marquée au départ de mon oncle, combien je l'aimois, & l'alarme que m'avoit donné le seul pressentiment de sa mort. Quoique lui-même l'aimât, il oublia en quelque sorte la part qu'il prenoit à cette perte, pour n'en prendre qu'à la douleur qu'il me supposoit. Après un long & pathétique discours, plus capable d'augmenter ma douleur, telle qu'elle étoit, que de la calmer, il fut fort surpris de m'entendre dire que j'étois déjà tout consolé, & que j'enviois le sort des morts plus que celui des vivans. Il soutint merveilleusement cette idée, & moralisant là-dessus, nous dîmes, lui par complaisance, & moi par dégoût de la vie, tout ce que des gens régénérés pourroient s'imaginer.

J'achevai de lire mes lettres à ces deux tendres amis. Mon père & mes sœurs sachant que j'étois malade, m'invitoient à venir prendre l'air natal. J'irai, dis-je au Chevalier; mais prépare-toi, car je t'emmène. Il consentit, quoiqu'il ne sût encore s'il le pourroit, ni moi non plus. Pour toi, ajoutai-je à Robillard, il faut que tu restes. Quand le Prince seroit assez bon pour vouloir se passer de deux Pages à la fois, tes parens gronderoient. D'ailleurs nous serons bien aises d'avoir des nouvelles de la Cour, & tu seras notre correspondant. Ceci ne sentoit guères alors que le Château; mais pourtant, quelque temps après le Médecin me le conseillant, le Prince m'offrit lui-même un congé que j'acceptai.

Vers le soir, ma fièvre étant sur le déclin, & nous presque les maîtres du Château, nous fûmes dans l'appartement du Prince, ouvrir & nous promener. Je ne savois trop si le Prince reviendroit, mais à tout hazard j'invitai le Chevalier à souper. Tu sais, lui dis-je, que nous avons des Déesses. Deux sont ici comme sous ma protection ; & nous souperons avec elles. Songe pourtant que si Pâris & Vénus reviennent, tu ne souperas qu'avec moi. Fort bien, dit-il, j'accepte le pis aller. Deux heures après, nos Déesses qui étoient allées prendre le frais, arrivèrent. N'attendant plus le Prince, nous nous mîmes à table. J'en fis les honneurs ; mais le Chevalier & Robillard, chacun avec sa Déesse, en eurent tout le plaisir. Junon se seroit volontiers vengée sur le Chevalier de la pomme qu'il lui avoit passé devant le bec. Cependant il n'en fut rien ; & soit misanthropie ou raison, je mis le holà, c'est-à-dire, qu'à ma représentation, mon ami respecta l'absence de mon maître, & qu'il refusa ce que lui-même peut-être lui auroit offert & permis s'il avoit été présent.

Pour qu'il n'y eût rien à dire, le Chevalier voulut de lui-même coucher dans ma chambre avec Robillard. Je lui en fus bon gré. Ce que j'avois déjà fait, étoit assez hardi. J'avois mes jaloux, & pour peu que les choses eussent été plus loin, je n'en aurois peut être pas été bon marchand. Pour obvier même à tout ce que l'on pourroit dire de la liberté que j'avois prise d'arrêter le Chevalier à souper, & le divertir avec les amusemens du Prince, je résolus de le dire à l'Abbé, & au Prince même. En effet; je retins le Chevalier jusqu'à ce qu'il arriva. Je le priai de se trouver à son passage, pour qu'il le remarquât, & que m'en parlant je lui avouasse naturellement ce qui s'étoit passé. Tout me succéda. Le Prince arrivant, le Chevalier se présenta à sa rencontre. Il lui fit même quelques questions, & répondant pour lui, j'ajoutai ce que j'avois projetté. Il en rit, & je n'en entendis jamais plus parler.

Le Chevalier me quittant dans ce moment, je suivis le Prince dans son appartement. S'informant avec bonté de ma santé, je lui dis que j'avois eu un accès terrible, & que pour comble j'avois reçu enfin la confirmation du triste pressentiment de mon cher oncle. *Quoi*, me dit-il avec étonnement, *il est mort!* Oui, Monseigneur, & dans le fond je crois qu'il est heureux. *Heureux ou malheureux, tu m'étonnes. Qui t'a donné cette nouvelle?* Mon père, & le valet même de mon oncle, qui en est le porteur. Là-dessus je fis presque au Prince le même récit que m'avoit fait la Tulipe. De tout le soir il ne put s'en remettre, & se couchant il me dit encore, *qu'il y avoit là-dedans quelque chose de si particulier, qu'il ne pouvoit s'empêcher d'en être frappé.* Le Prince curieux de la Nature, & de tous ses secrets, je ne doute pas qu'il ne trouvât dans cet événement de quoi exercer son génie, & le porter peut-être à bien des réflexions.

Ce qui me porte à le croire, c'est que le lendemain à son lever, il se plaignit d'avoir passé une mauvaise nuit, de s'être livré à mille pensées, & qu'il s'écria, comme un homme qui sortiroit moins du sommeil que d'une profonde méditation: *Ah que l'esprit de l'homme est borné partout!* Soit que cette réflexion, ou celles qui l'avoient fait naître l'indisposassent, soit qu'ennuyé déja, il sentit encore mieux qu'il n'avoit rien là de propre à le distraire, il étoit inquiet & fâcheux. L'Abbé n'aimoit pas cette sorte d'indisposition. Toujours elle menaçoit de quelques attaques. En effet, le Prince s'adressa bientôt à lui, & demanda, *si donc il passeroit toute la campagne avec les trois seules pièces de gibier qu'il avoit.* Que faire, Monseigneur ? répondit l'Abbé. *Belle raison*, repliqua le Prince, *il faut te remuer.* Me remuer, reprit l'Abbé ! je crois de par tous les diables, que je me remue bien assez. Soit dit à vous seulement, Monseigneur; mais je suis pire cent fois que tous les Mercures.

Là, là, lui dit le Prince, *ne te fâche pas, c'est déjà trop que je le sois. Songe seulement, s'il n'y auroit pas moyen d'y remédier. Tu sais que j'ai le malheur de ne pouvoir tenir contre l'ennui.* Je le sais, Monseigneur, répondit l'Abbé ; mais ce malheur vous arrive si souvent, & le mal va si fort en augmentant, que faute de remèdes je crains à la fin d'être obligé de vous laisser mourir. *Oh !* repliqua le Prince, *que ce ne soit pas au moins cet été. Tiens,* afin que tu n'aies à songer qu'à moi, je t'abandonne deux de mes Déesses, & ne retiens que ma Vénus. Avec celle-ci, & une autre dont tu me pourvoiras, je te tiens quitte pour tout le temps que je demeure ici. Deux pour toi, deux pour moi, ajouta le Prince, vois si cela n'est pas bien honnête. Rien de plus, repartit l'Abbé. Deux Déesses dont vous ne savez que faire, pour une que je ne sais où prendre. J'admire, Monseigneur, ce généreux marché. Cependant je l'accepterois, si de mille, à peu près semblables, vous en aviez jamais tenu un seul.

Le Prince protesta si bien qu'il tiendroit celui-ci, que l'Abbé lui promit tout ce qu'il pourroit. *Cette Veuve*, lui dit le Prince, *dont tu me parles encore tous les jours, est-elle donc absolument inflexible? Elle m'irrite cette femme; retourne à tes offres, vois un peu si tu ne la trouverois pas plus favorable. Cela se pourroit quelquefois; mais si cela n'est pas, je te donne carte blanche: tu sais qu'il n'y en a guères qui à force d'en dire, ne se rendent.* Ma foi, Monseigneur, repartit l'Abbé, je doute de celle-ci. N'importe, je ferai ce que vous voudrez; mais pourtant je crois avant que d'aller plus loin, qu'il seroit à propos que vous la vissiez, & que vous jugeassiez vous-même des offres que j'ai faites, & sur-tout de celles que je pourrois faire.

L'Abbé n'eut pas de peine à faire goûter cette proposition. Le Prince l'accepta, mais il voulut que je fusse de la partie. C'étoit le jour de mon accès. Il me dit qu'il attendroit jusqu'au lendemain, & que partant le soir il iroit coucher au Palais-Royal, où nous prendrions nos mesures pour le jour suivant. Ce délai étoit long pour un Prince aussi impatient. Tout flatteur qu'il pouvoit être pour moi, j'aurois bien voulu qu'il en eût été autrement: cependant pour répondre à cette violence, je m'en fis à tous égards; c'est-à-dire, qu'outre la répugnance que j'avois à me prêter à de pareils projets, & que ma maladie augmentoit, je fus obligé de partir presqu'encore dans ma crise, & sans avoir le moindre temps pour me remettre. Il est vrai que le Prince me dédommageoit par toutes sortes d'attentions. Il voulut que je fusse à côté de lui dans son carrosse, fit lever les glaces, & fouetter si doucement, que je n'aurois guères pu être plus tranquille dans mon lit même.

Arrivé au Palais-Royal, le Prince n'y voulut être pour personne. Il ordonna de renvoyer tous ceux qui viendroient, & se renferma avec le seul Abbé & moi. Dès-lors, & le lendemain même jusqu'à l'heure que nous nous rendîmes chez la veuve, il ne fut question que d'elle. L'Abbé réitéra qu'il désespéroit de la vaincre. Il est vrai que toutes les offres qu'il avoit faites, étoient en son nom. C'est ainsi qu'il en usoit toujours; parce qu'un marché fait avec lui, ne pouvoit que se conclure agréablement avec le Prince. Son nom ne s'employoit qu'à l'extrêmité. On délibéra de le faire dans cette occasion; mais la négative l'emporta. La raison, c'est que l'Abbé prétendoit qu'au rebours de toutes les veuves, celle-ci chérissoit tellement la mémoire de son défunt mari, qu'une infidélité de cette volée l'effrayeroit plus que jamais. De filer le parfait amour, ajouta-t-il, il est sûr que cela nous renverroit aux Calendes Grecques. Tout ce qu'il y a à faire, c'est de voir, d'offrir, & si rien ne fait, je sais un moyen qui peut-être réussira.

L'heure

du Chevalier de Ravanne. 337

L'heure approchant, le Prince s'ajusta, moi de même; pour l'Abbé, il l'étoit dé[jà]. Comme nous n'allions que pour satisfaire nos yeux, nous résolumes, pour effaroucher encore moins la Veuve, de ne [t]omber dans sa boutique qu'après être en[tr]és dans quelques autres. Suivant ce pro[je]t, nous entrâmes devant & à côté de [c]hez elle. Enfin, faisant semblant de ne pas [tr]ouver ce que nous cherchions, nous abor[d]âmes où nous voulions être. Nous affectâ[m]es même auparavant de passer; mais l'Abbé nous cria: Ici, Messieurs, ici, vous y trouverez peut-être votre affaire.

Malgré ce mystère, nous pûmes aisément remarquer que cette vertueuse Veuve s'effarouchoit de voir l'Abbé. Une no[b]le rougeur lui montant tout-à-coup au visage, on ne pouvoit, j'ose le dire, résister à son éclat. Il falloit baisser les yeux, [t]or-tout saisis du respect que son air de ver[tu] inspiroit. Voici, Madame, dit l'Abbé, des Messieurs qui cherchent par-tout de belles vestes brodées; vous en êtes pour[v]ue, je le sais, n'auriez-vous pas de quoi les satisfaire? Non, Monsieur, répondit-elle, sans doute pour congédier l'Abbé;

Tome I. P

dont la vue seule l'offenſoit. Mais, Madame, repliqua-t'il, il me ſemble pourtant vous en avoir vu autrefois déployer & vendre. Cela ſe peut, Monſieur, mais je n'en ai plus.

Le Prince déjà trop épris pour lever le pied à cette réponſe, s'attacha aux marchandiſes qu'il voyoit, en demanda le prix & prolongea le temps à en choiſir de toutes les ſortes. L'Abbé ayant remarqué qu'il peinoit la Veuve, prétexta d'aller en attendant voir ailleurs pour des veſtes; & que dès qu'il auroit trouvé ce qu'il jugeoit devoir nous accommoder, il viendroit nous reprendre. La Veuve en effet parut beaucoup plus tranquille après ſon départ. Le Prince ne la queſtionna pas ſeulement ſur ſes marchandiſes, mais ſur diverſes choſes, où il ne lui trouva pas moins d'eſprit que de beauté. Quoique l'Abbé demeurât aſſez long-temps, il revint néanmoins encore trop tôt. Mais il le falloit, autrement la chaſte Veuve n'auroit ſu ce que cela vouloit dire, & peut-être auroit-elle pris quelque ombrage. Allons, Meſſieurs, nous dit l'Abbé en entrant, j'ai trouvé votre affaire, mais c'eſt à l'autre bout du Palais. Ce qu'il difoit étoit à deux fins ; l'une, pour juftifier le temps qu'il avoit demeuré ; l'autre, pour nous mettre fi bien hors de la vue de notre charmante Veuve, que nous n'euffions befoin d'entrer nulle part.

On pouvoit aifément voir que ce n'étoit qu'avec violence que le Prince s'arrachoit de ce lieu. Cependant nos petites emplettes empaquetées, il fallut payer & partir. La Veuve s'offrit poliment à les faire porter où nous fouhaiterions. L'Abbé prit la parole, & dit que cela n'étoit pas néceffaire, que lui-même porteroit bien le paquet jufques chez le Marchand où nous allions, & que là on joindroit le tout enfemble, pour le faire mettre feulement dans notre carroffe. Cependant je m'en chargeai au lieu de lui, & prenant congé avec de grandes révérences, nous fortîmes.

On peut dire que c'eft quelque chofe d'admirable, que les égards que la vertu s'attire de ceux mêmes qui en ont le moins. Cette feule prérogative marque affez fon prix. Peut-être n'en jouit-elle jamais mieux que dans cette Veuve. Non-feulement l'Abbé & moi lui rendîmes nos hommages, mais le Prince lui manifesta les siens d'une manière qu'il n'eut certainement pas faite avec la première Dame de la Cour, qui n'auroit pas eu le même air de vertu. Le malheur, c'est que malgré le respect que la vertu inspire, elle n'est point à l'abri des embûches. Souvent même elle donne lieu à ce qu'il y a de plus noir ; je vais à regret en donner un exemple.

Ayant regagné droit notre carrosse, le Prince, dès que nous y fûmes, tomba sur l'éloge de la Veuve. *Que de charmes*, nous dit-il ! *& sur-tout quel air de vertu !* Remarquons que si l'air seul de la vertu est mis au nombre des plus grands charmes, quelle ne doit pas être la vertu même ! C'est malheureusement de quoi l'on s'embarrasse le moins ; ou si quelquefois on s'en inquiette, c'est tout au plus pour en prendre l'air, & par là se rendre encore plus détestable. L'Abbé répondit au Prince : Fort bien, Monseigneur ; mais cet air qui vous charme tant & qui ne vous trompe point, n'abrége pas nos affaires. Ne croyez-vous pas qu'un peu moins de vertu seroit encore plus aimable ? *Sans doute*, repliqua le Prince, *autant que la facilité peut l'être, mais une* difficulté comme celle-là a bien d'autres attraits. Premièrement, c'est un plaisir que de la lever ; & quand on en vient à bout, trouve-moi quelque chose de comparable. Pour moi, continua le Prince, je suis si persuadé que rien n'en approche, que je te prie de faire pour celle-ci, ce que tu n'as fait encore pour aucune autre. Ma foi, repliqua l'Abbé, je crois que votre St. Esprit même n'auroit pas l'efficace de faire cette conquête. N'importe, tente jusques-là, s'il le faut ; le reste sera pour ta récompense.

Après le charme que le Prince avouoit lui-même qu'il trouvoit dans la vertu de cette femme, n'est-ce pas une chose étonnante que l'ardeur qu'il marque pour le détruire ? Cette extravagance de vouloir, à quelque prix que ce soit, anéantir ce que l'on aime, n'étoit pas tant de son goût que du goût de bien d'autres. Combien de gens se font une délicatesse de savourer cette vertu ? Ou tout n'est que chimère, ou ce sont des monstres hors de nature.

Rentré au Palais-Royal, le Prince ne donna aucun relâche à l'Abbé. Il ne lui ordonna pas, mais il le supplia de retourner dès le même soir à la conquête de la Veuve. *Fais comme tu voudras*, ajouta-t'il; *n'importe à quel prix ; mais il faut que je l'aie*. Il alla. Pendant ce temps-là le Prince paroissoit affollé. Je voulus me retirer. *Non*, dit-il, *demeure, & parle-moi de cette femme. Qu'en dis-tu ?* Que pourrois-je en dire, mon Prince, après le transport que vous marquez ? Cela suffit pour ne pas douter de ses appas : mais pourtant si elle est telle que Monsieur l'Abbé le craint, moi-même, Monseigneur, je crains pour vous les suites. En effet, je l'avois souvent vu transporté de l'aspect de quelque nouveauté, mais jamais au point où il étoit.

Enfin l'Abbé revint. *Quelle nouvelle*, lui cria le Prince de si loin qu'il l'apperçut ? Le Royaume de France, Monseigneur, n'ébranleroit pas cette femme. Consolez-vous pourtant. Je vous ai parlé d'un moyen qui pourroit réussir, & j'ai plus que jamais lieu de l'espérer. Sans ces dernières paroles, je crois que le Prince ne se seroit plus possédé. Il s'étoit déjà levé avec furie ; & c'est ce qui avoit obligé l'Abbé à faire succéder tout d'un coup l'espérance au désespoir. Malgré cela il demeura comme en suspens, jusqu'à ce que l'Abbé lui eut expliqué le moyen dont il le flattoit. Quel moyen, ô Ciel! La plume, en y pensant, me tombe presque des mains.

L'Abbé commença par raconter la manière dont la veuve avoit rejeté ses offres. Quoiqu'ils allassent à un point qui redresse l'injure faite aux femmes sur l'article, elle n'avoit paru sensible qu'à l'affront que l'Abbé lui faisoit de la croire toujours capable de se laisser séduire. Pour le coup, lui avoit-elle dit, je vous prie de ne jamais remettre le pied chez moi. Là dessus, l'Abbé ajouta qu'il lui avoit répondu: Non, Madame, je ne reparoîtrai jamais chez vous, du moins en petit collet: mais si le quittant vous voulez de moi avec tout ce que je vous offre, je suis votre époux quand il vous plaira. A ces mots, poursuivit l'Abbé, elle me parut toute ébranlée; & lorsque je lui assurai que rien ne m'engageoit que quelques Bénéfices que je résignerois, elle m'a remercié d'une marque d'amour aussi tendre; & sans me rien promettre, elle m'a laissé tout espérer.

Le Prince au comble de la joie, pensa sauter au col de l'Abbé. Il sentoit bien son but. Pour moi, j'eus besoin qu'il s'expliquât un peu mieux. Il le fit; & malgré cela j'avois de la peine à comprendre tant de bassesse ou de scélératesse. Depuis long-temps, ajouta-t'il au Prince, je médite de réduire cette femme par voie conjugale. Cette idée ne m'est pas seulement venue pour vous, Monseigneur, mais pour moi, qui aime cette veuve avant vous, & peut-être plus que vous. Le tout dépend de s'en emparer. Puisqu'il n'y a pas d'autre moyen, je l'épouse; & sans querelle ni dispute, du moins entre vous & moi, nous satisferons nos feux. Dès qu'une fois je serai son Seigneur & maître, il faudra bien qu'elle obéisse, & la quittant de sa vertu, qu'elle n'en marque qu'à vous servir. Peut-on rien de plus lâche & de plus scélérat? Mais ce n'est pas tout: cet Abbé avoit déjà une femme quelque part à le détester : ainsi il ne se préparoit pas seulement à se couvrir à tous égards d'infamie, mais du crime de bigamie, qui par lui-même frise la hard.

Si le Cardinal du Bois, & l'encre qu'il

a répandue sur toute sa vie, n'étoient généralement connus, j'aurois volontiers épargné la mienne sur ce qui le regarde. Deux choses m'y auroient obligé; le dégoût de prêter ma plume à certains traits, & la répugnance de publier la turpitude d'un homme qui ne m'auroit jamais fait de mal, si sa funeste amitié n'eût souvent servi à m'entraîner dans le vice. Mais outre que tout ce que je puis en dire ne sauroit empirer l'odeur qu'il a laissée, c'est qu'il faudroit supprimer une grande partie de mes Mémoires, si je voulois le ménager scrupuleusement. Je crois même que le mariage dont il s'agit, m'ayant donné lieu de parler d'un autre qu'il avoit déjà contracté, le Lecteur ne sera pas fâché que je lui en fasse l'histoire: mais pour cela il faut faire une petite digression, & remonter aux premières circonstances de sa vie.

Fin du tome premier.

www.ingramcontent.com/pod-product-compliance
Lightning Source LLC
Chambersburg PA
CBHW060324170426
43202CB00014B/2656